AF568601

KATIE SMYTH UND TERRI CHANDLER

Blumen binden und Kränze winden

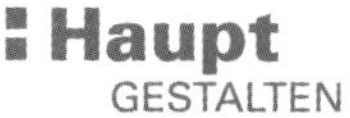

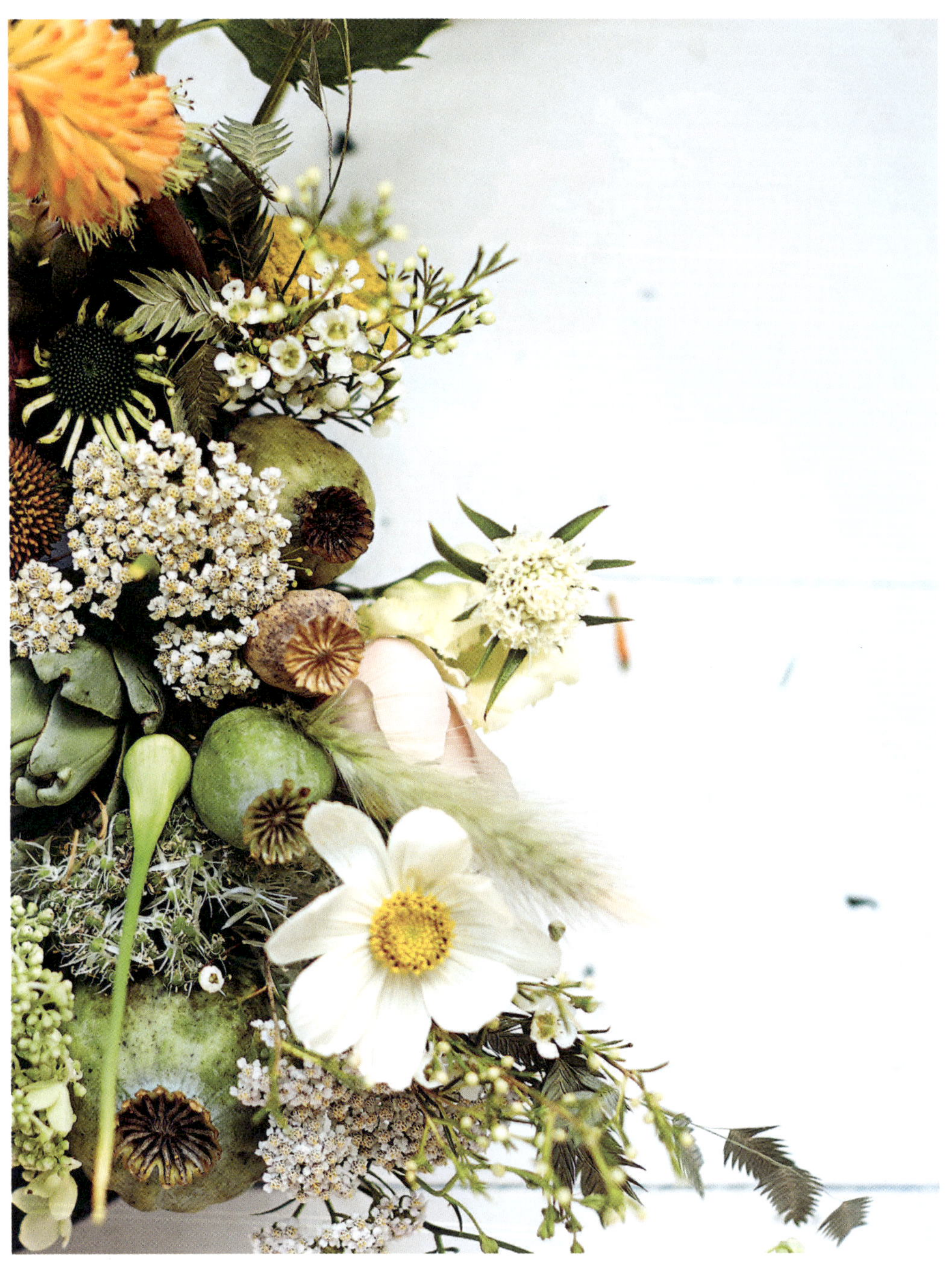

KATIE SMYTH UND TERRI CHANDLER

Blumen binden und Kränze winden

Mit frischen, gefundenen und getrockneten Pflanzen

Fotos von Kristin Perers

HAUPT VERLAG

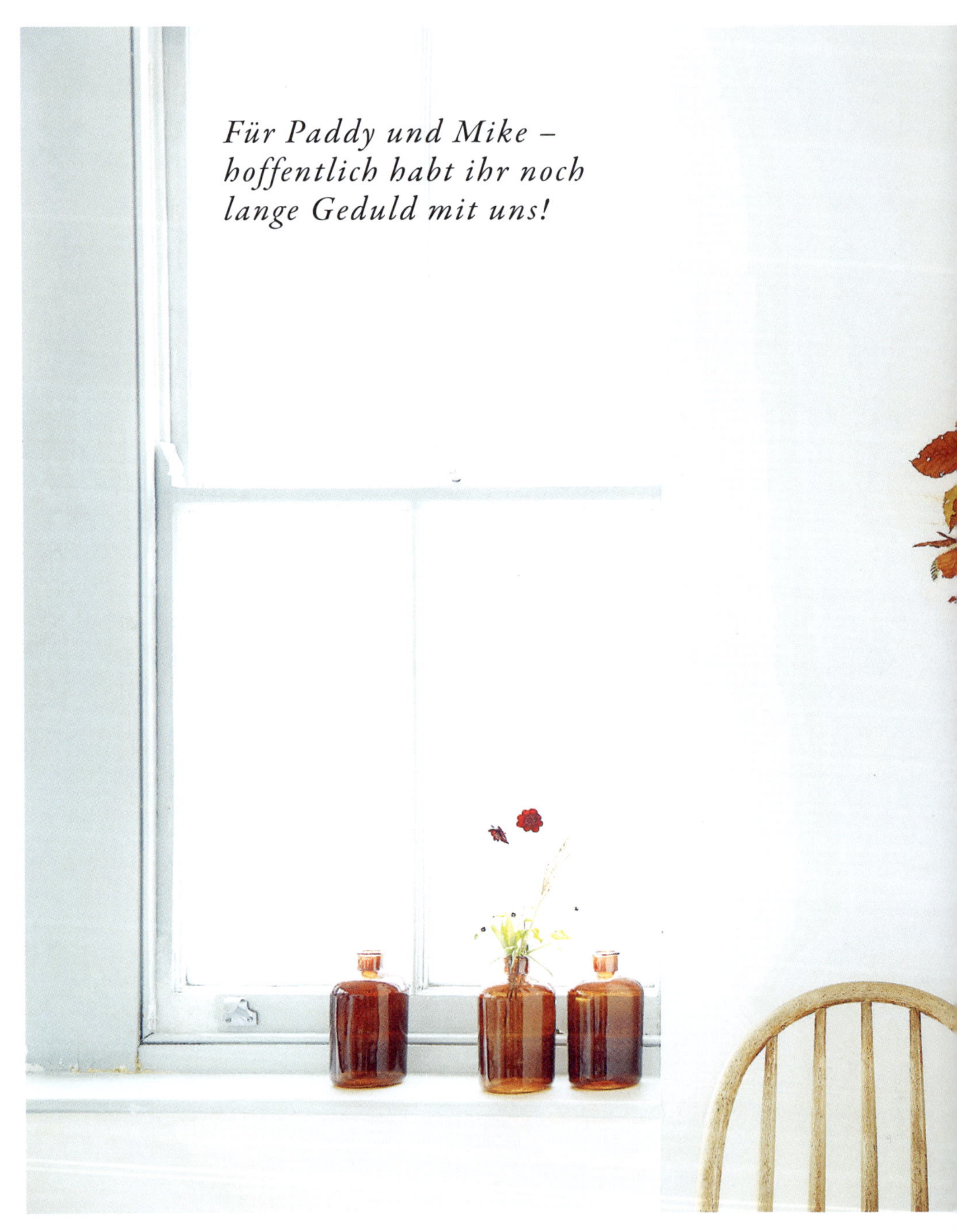

*Für Paddy und Mike –
hoffentlich habt ihr noch
lange Geduld mit uns!*

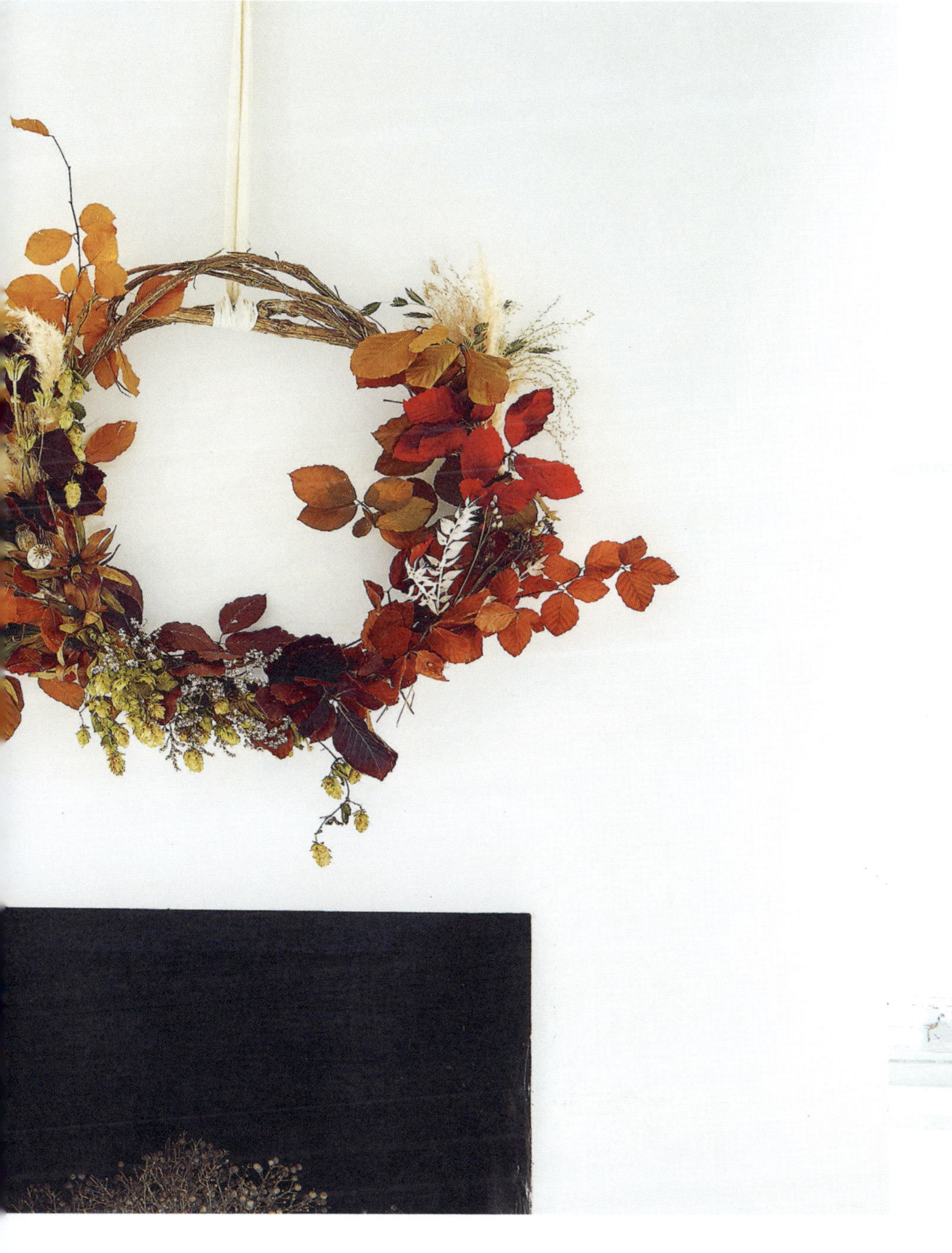

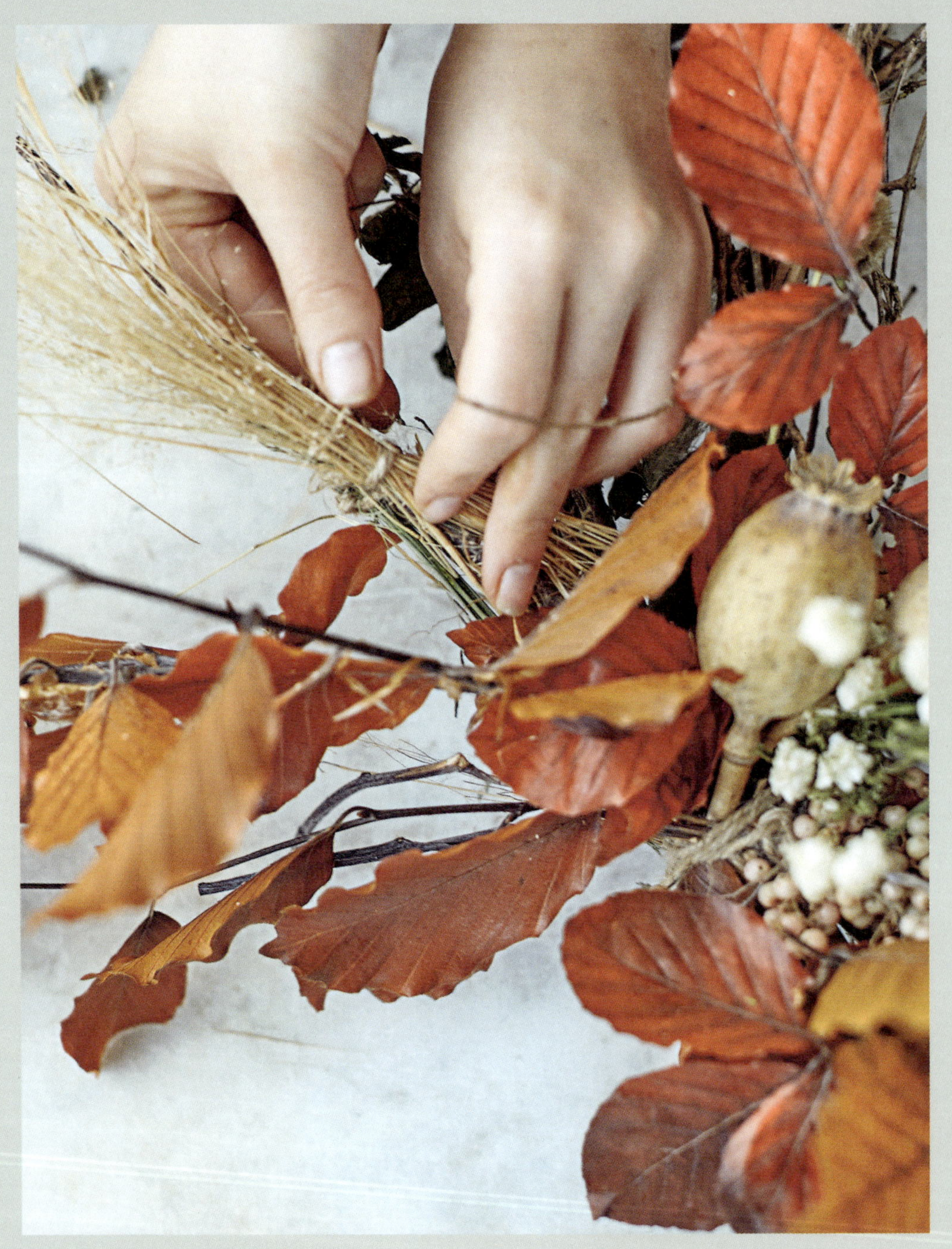

Inhalt

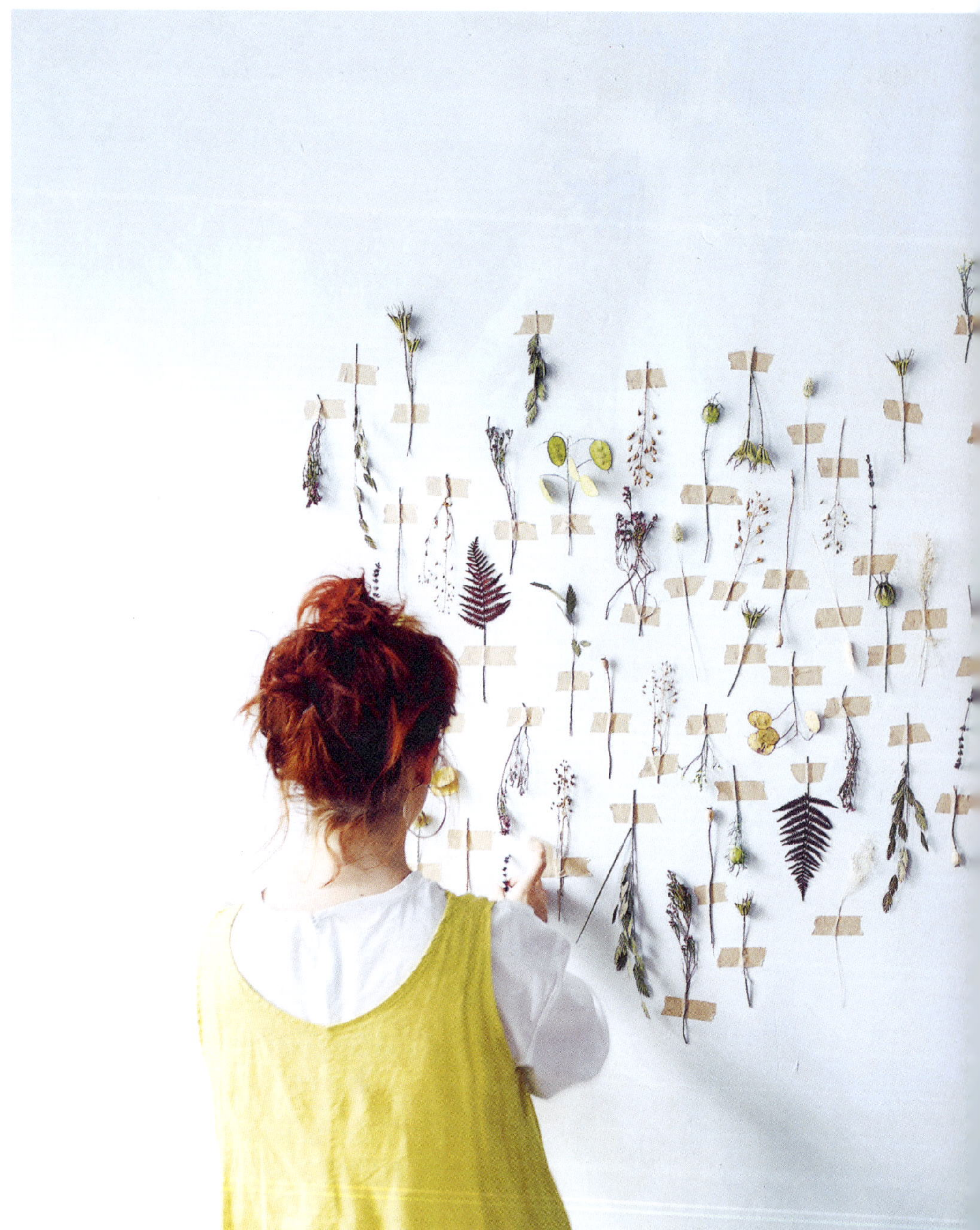

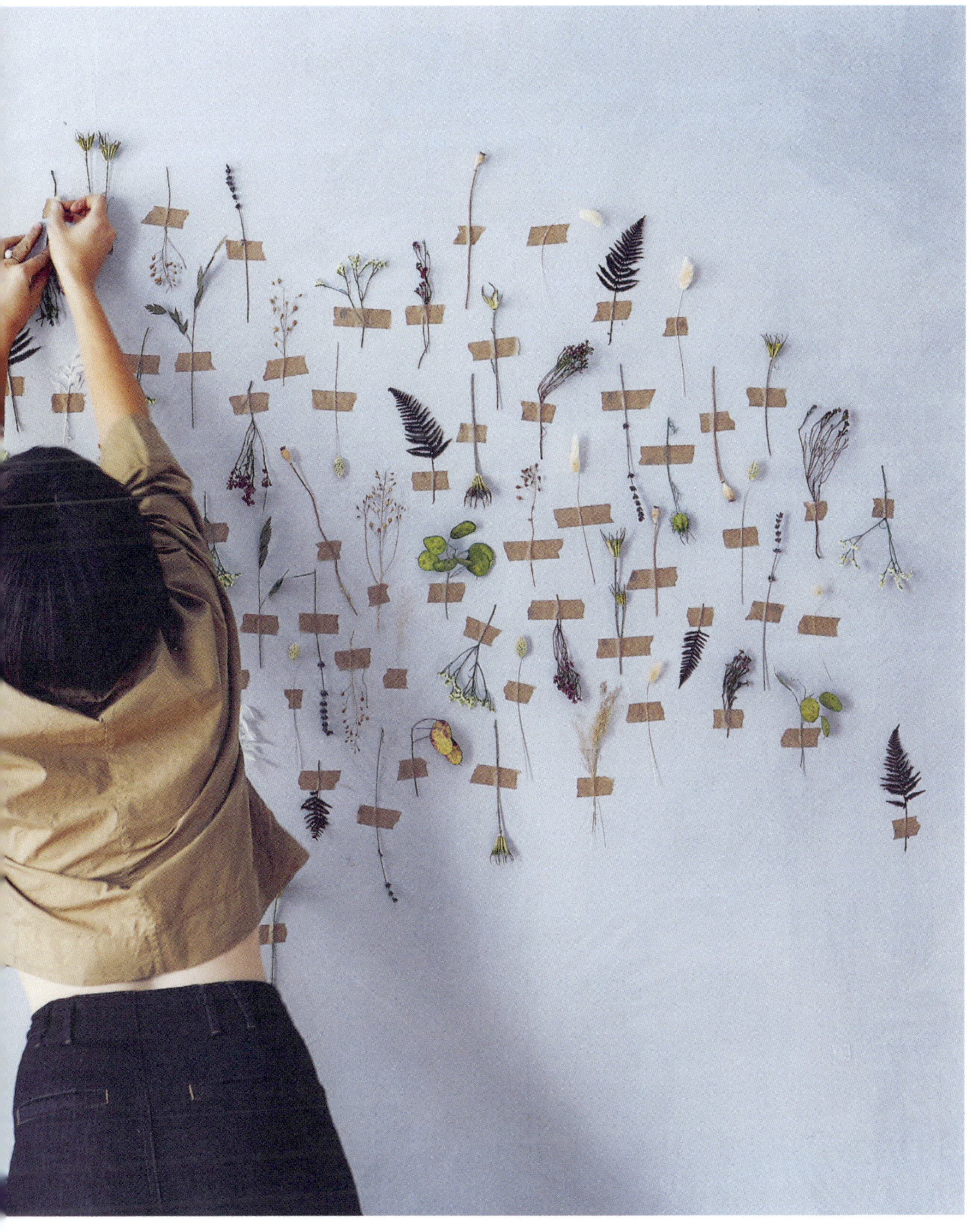

Einleitung

Nachhaltige Arrangements aus natürlichen Materialien

Kunsthandwerkliches aus Naturmaterialien steht momentan hoch im Kurs. Nach langer Zeit spürt man wieder ein wachsendes Interesse daran, sich in die Natur zu begeben und Wildpflanzen zu sammeln, ob zur Bereicherung des Speiseplans oder zur Gestaltung des Wohnumfelds. Als Floristinnen fühlen wir uns unserer Umwelt und dem Wandel der Jahreszeiten so verbunden, dass wir unsere Erfahrung mit Ihnen teilen möchten. Mit einfachen, am Wegesrand oder im Garten gepflückten Blumen, Blättern und Zweigen kreativ zu werden macht stolz und glücklich – und trägt die Schönheit der Natur in unsere Innenräume.

Mit den eigenen Händen etwas Schönes zu schaffen hat etwas ungeheuer Befriedigendes. Uns schenkt es so viel Freude, dass wir es zu unserem Lebensinhalt gemacht haben. Unsere früheren Jobs empfanden wir als trist, und Abend für Abend den Wecker stellen zu müssen behagte uns gar nicht. Wenn jetzt der Wecker klingelt, und das tut er normalerweise um vier Uhr morgens, freuen wir uns darauf, mit der Arbeit in unserem Blumenatelier loslegen zu können. Es ist einfach großartig, von natürlichen Dingen umgeben zu sein.

In den letzten Jahren waren wir beruflich häufig auf Reisen. Unterwegs fielen uns dabei immer wieder gebundene Kränze ins Auge. Sie werden auf der ganzen Welt in allen erdenklichen Größen und aus den vielfältigsten Materialien, zu den verschiedensten Anlässen und mit den unterschiedlichsten symbolischen Bedeutungen gefertigt. Auf den griechischen Inseln begrüßt man den Mai mit Gebinden aus Knoblauch, in Skandinavien den Mittsommer mit Wildblumenkränzen, und in den USA schmückt die gesamte Nation ihre Hauseingänge an Thanksgiving mit Türkränzen in leuchtenden Herbstfarben.

Ein Kranz kann ein liebevolles Geschenk, ein herzlicher Willkommensgruß oder einfach ein schöner Wandschmuck sein. Kränze und andere Gebinde bieten schier grenzenlose Möglichkeiten, ein natürliches Wohnambiente zu schaffen.

Die Sinnhaftigkeit unserer Arbeit ist uns ein zentrales Anliegen. Wir senden unsere Kreationen daher gerne mit einer Botschaft in die Welt, beispielsweise, indem wir in einen Hochzeitskranz Blumen einflechten, die für immerwährende Liebe stehen. Möchten Sie diesen Gedanken aufgreifen, insbesondere bei Kreationen für besondere Anlässe, finden Sie viele Informationen über die Sprache der Blumen im Internet.

Die Vorstellung, dass unsere Leser:innen sich in die Natur begeben und, je nachdem, in welchem Teil der Welt sie leben, eine ganz individuelle „Sprache" im Umgang mit Pflanzen finden, fasziniert uns sehr. Wir würden uns freuen, einige Ihrer Kreationen zu Gesicht zu bekommen!

Terri und Katie von WORM, London

So verwenden Sie dieses Buch

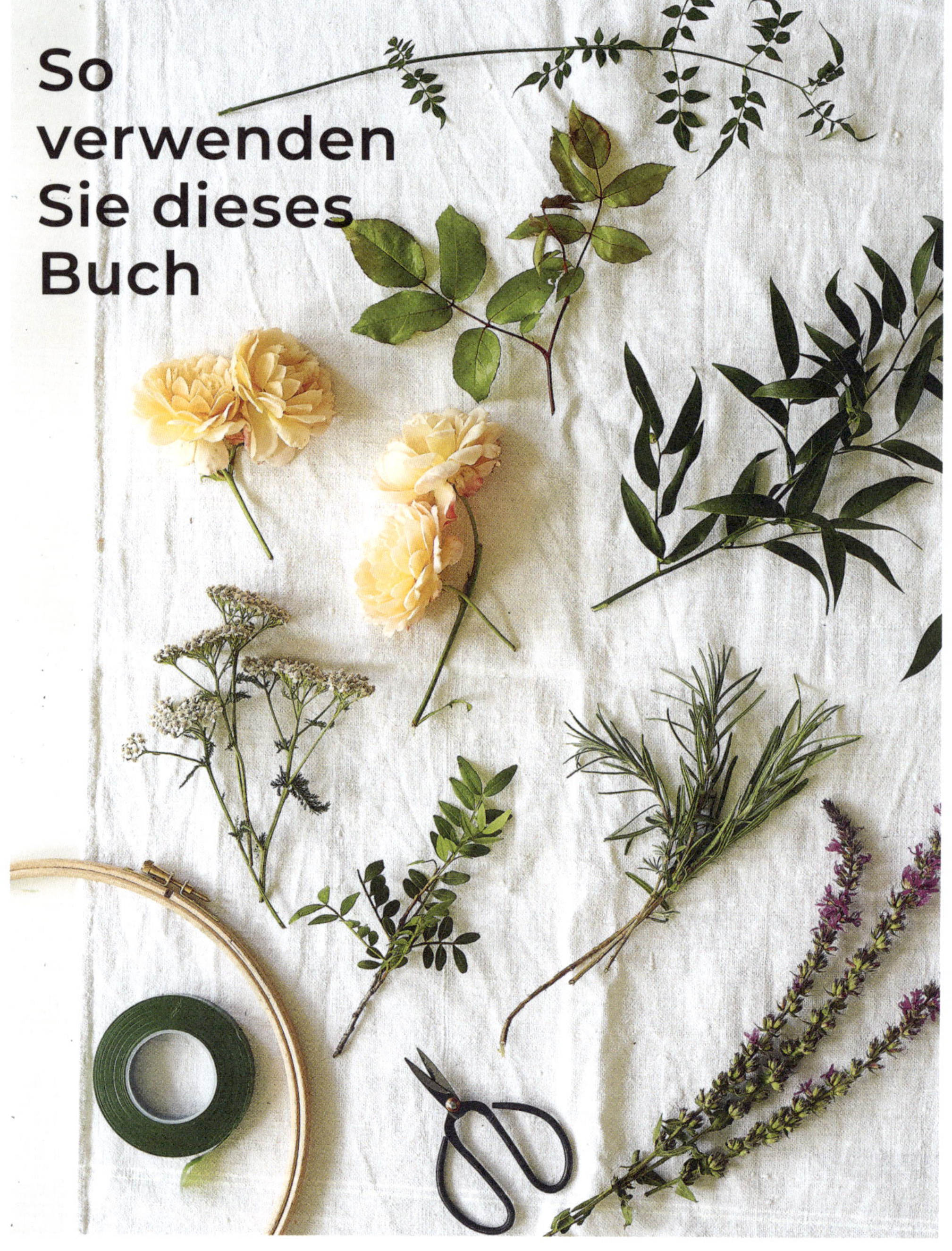

Regeln? Braucht es nicht!

Die meisten Projekte in diesem Buch sind unkompliziert. Was auf dem Foto einfach aussieht, ist normalerweise auch einfach herzustellen. Das Binden der größeren und komplizierter wirkenden Kränze mag zwar mehr Zeit und Material in Anspruch nehmen, aber nichts in diesem Buch ist so schwierig, dass Sie es nicht auch könnten. Sobald Sie ein wenig Know-how erworben und die richtigen Techniken erlernt haben, wird Ihnen alles leicht von der Hand gehen.

Bitte verstehen Sie unsere Anleitungen lediglich als Orientierungshilfe. Sie müssen sich nicht sklavisch daran halten. Uns hat es gerade das Intuitive und Individuelle dieser Art von Projekten angetan. Ihre eigenen Kränze werden je nach Art der verwendeten Materialien ganz anders aussehen als unsere Beispiele. Ihre Persönlichkeit wird darin zum Ausdruck kommen.

Bei unseren Workshops beginnen wir oft mit einer kurzen Demonstration grundlegender Techniken. Sobald wir die Kursteilnehmer:innen dann sich selbst überlassen, bricht sich ihre Persönlichkeit Bahn. Die eine ist ordentlich und genau, der andere genial chaotisch. Versuchen Sie also, sich von Ihrem Naturell leiten zu lassen und weniger von dem, was Ihnen unsere Beispiele vorgeben.

Beim Zusammenstellen der Projekte für dieses Buch haben wir uns bemüht, möglichst einfache Methoden und überall zugängliche Materialien zu verwenden. Nicht alle stammen aus der traditionellen Floristik, was unserer eigenen Arbeitsweise entspricht. Wir zeigen auch, wie Sie Ihren Projekten einen persönlichen Touch geben können, indem Sie Dinge und Materialien nutzen, die Sie vielleicht bei sich zu Hause oder im Garten finden. Verlassen Sie sich auf Ihren Instinkt: Wenn Sie Lust haben, ein anderes Material oder eine andere Methode auszuprobieren – nur zu! Folgen Sie Ihrer Eingebung! Für das Gestalten lebendig wirkender Kränze kann es keine starren Regeln geben.

Auf Seite 20 finden Sie eine Anleitung für einen Kranzrohling aus Pflanzenranken, den Sie als Basis für alle Kränze verwenden können. Wenn Sie dessen Herstellung beherrschen, sind Sie bereits einen entscheidenden Schritt weiter.

Soweit möglich, enthalten die Anleitungen Maß- und Mengenangaben, aber auch hier handelt es sich nur um Richtwerte. Wir möchten Sie ermutigen, beim Sammeln des Pflanzenmaterials und beim Abschätzen der benötigten Mengen Ihrem Geschmack und Ihrem Urteilsvermögen zu vertrauen: Sie selbst wissen am besten, wie Ihr Werk später aussehen soll.

Viele der benötigten Materialien für die Herstellung von Kränzen finden Sie in Blumen- und Bastelgeschäften oder im Baumarkt; alles andere bietet die Natur gratis.

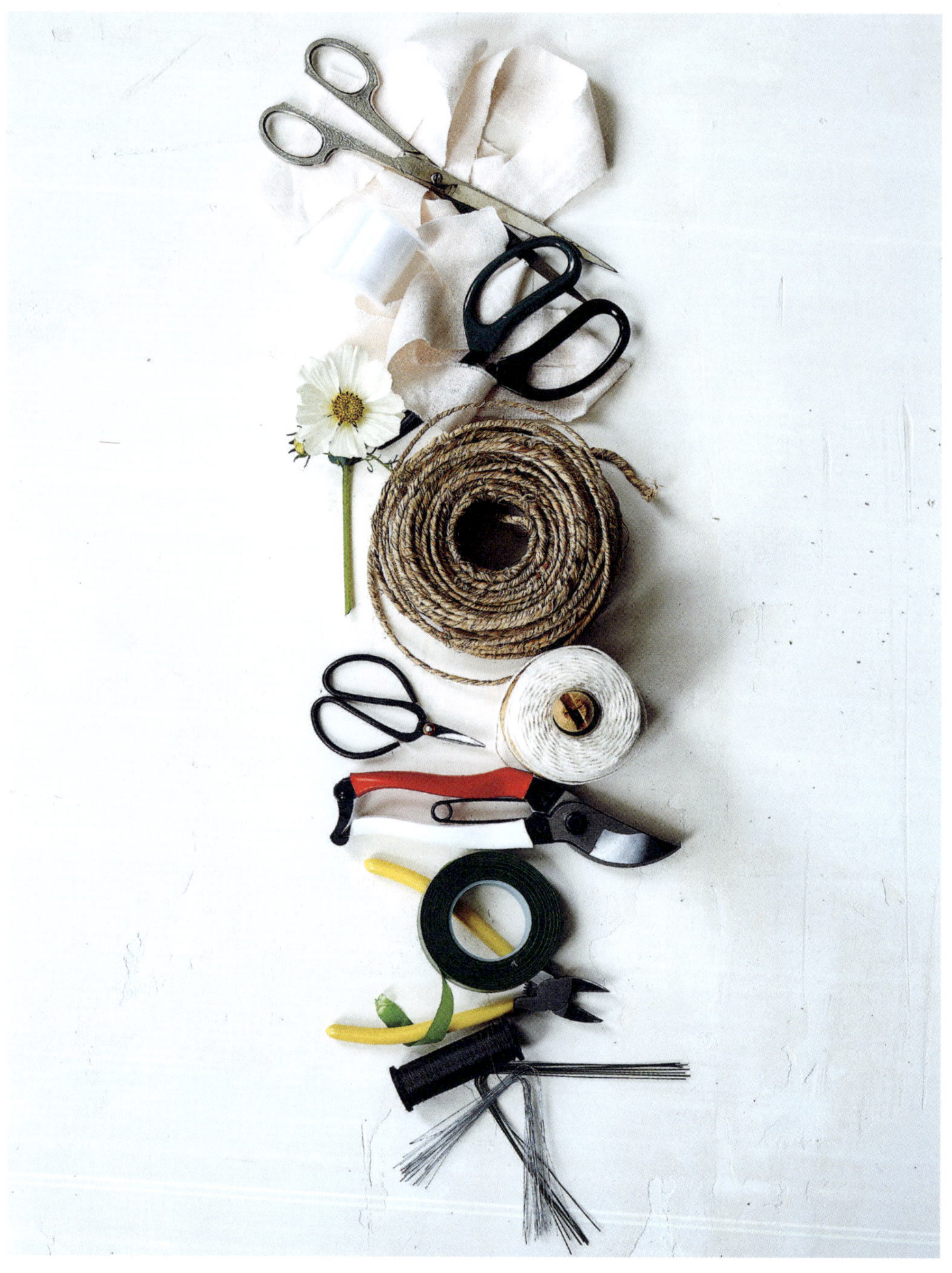

Das brauchen Sie

NESSELSTOFF

Zum Aufhängen unserer Kränze und Hängeobjekte verwenden wir oft Streifen aus Nessel oder Leinen. Sie können beide Stoffe als Meterware kaufen und selbst in schmale Streifen schneiden oder reißen. Nessel ist billiger als Leinen, doch Leinen wirkt edler und ist in vielen schönen Farben erhältlich.

SCHNEIDERSCHERE

Wir haben selbst die Erfahrung machen müssen, wie wichtig es ist, für unterschiedliche Materialien die jeweils richtige Schere zu verwenden. Mit einer Blumenschere werden Sie Ihren Stoff ruinieren, daher ist zum Zuschneiden von Stoff eine Schneiderschere ein Muss.

TRANSPARENTER FADEN

Durchsichtige Nylon- oder Perlonfäden sind in unterschiedlichen Stärken in den meisten Bastelgeschäften, Baumärkten oder Kurzwarenabteilungen von Kaufhäusern erhältlich. Mit einer Rolle dünnem und einer Rolle dickerem Faden, der mehr Gewicht tragen kann, sind Sie bestens ausgerüstet.

GARTEN- ODER FLORISTENSCHERE

Sie benötigen eine Blumenschere, mit der Sie sowohl verholzte als auch weiche Stiele präzise kürzen können. Achten Sie darauf, dass die Schere trocken bleibt; durch Rost wird sie schwergängig.

SCHNUR

Wird immer gebraucht. Schnüre aus Naturfasern wie z. B. Jute passen mit ihrer graubraunen Farbe gut zu den meisten Kränzen. Gefärbte Schnüre sind dann sinnvoll, wenn die Schnur zwischen bunten Blumen oder Laub nicht auffallen soll.

UMMANTELTER BLUMENDRAHT

Mit Jute ummantelter Blumendraht wirkt sehr natürlich und eignet sich hervorragend als Ausgangsmaterial für Girlanden.

BONSAISCHERE

Eine solch kleine Schere ist ideal für knifflige Stellen. Man gelangt damit gut in enge Zwischenräume, und nach der Fertigstellung lassen sich Objekte damit prima zurechtschneiden und „versäubern".

ASTSCHERE

Zum Schneiden dicker, verholzter Stängel und Zweige. Eine Astschere ist besonders praktisch, wenn man in der freien Natur unterwegs ist.

FLORISTENBAND

Ein kleines, grünes Wunderding: Das Band fühlt sich nicht klebrig an, ist bei leichter Dehnung aber selbstklebend und außerdem wasserfest. Es ist mit glatter Oberfläche oder als Kreppband erhältlich.

DRAHTSCHERE

Unverzichtbar zum Durchtrennen von Draht. Halten Sie den Draht beim Schneiden immer von sich weg, damit Ihnen das abgeknipste Stück nicht ins Auge fliegen kann.

WICKEL- ODER BLUMENDRAHT

Ein dünner, biegsamer Draht auf einem Holzstab oder einer Spule, der in verschiedenen Farben erhältlich ist. Er lässt sich mitsamt dem Stab oder der Spule um Kränze und Girlanden wickeln, ohne dass man neu ansetzen muss, und ist für Florist:innen unentbehrlich.

STECKDRAHT

Dieser grün oder schwarz lackierte Draht wird in unterschiedlichen Längen bündelweise verkauft und zum Stützen von Stängeln oder zum Andrahten verwendet. Er ist in verschiedenen Stärken erhältlich.

NÜTZLICHE EXTRAS

Um Ihre Blumen frisch zu halten, benötigen Sie ein oder zwei Eimer, die bei Bedarf mit Wasser gefüllt werden. Immer nützlich ist ferner ein Messer. Bei einigen Projekten kommt Farbspray für Blumen zum Einsatz, mit dem sich die Farben – meist von Blättern – hervorheben oder komplett verändern lassen. Ein Kranz erhält dadurch eine ganz andere Wirkung. Blumenigel oder -frösche bieten sich als Basis für Gestecke aus übrig gebliebenen Stängeln und Zweigen an. Sie sind in verschiedenen Größen und Designs erhältlich und werden auf den Boden einer Vase oder Schale gelegt. Eine Alternative sind Stecknetze mit Löchern oder Maschen. Für Kränze, die hängend gebunden werden, benötigen Sie möglicherweise eine Trittleiter.

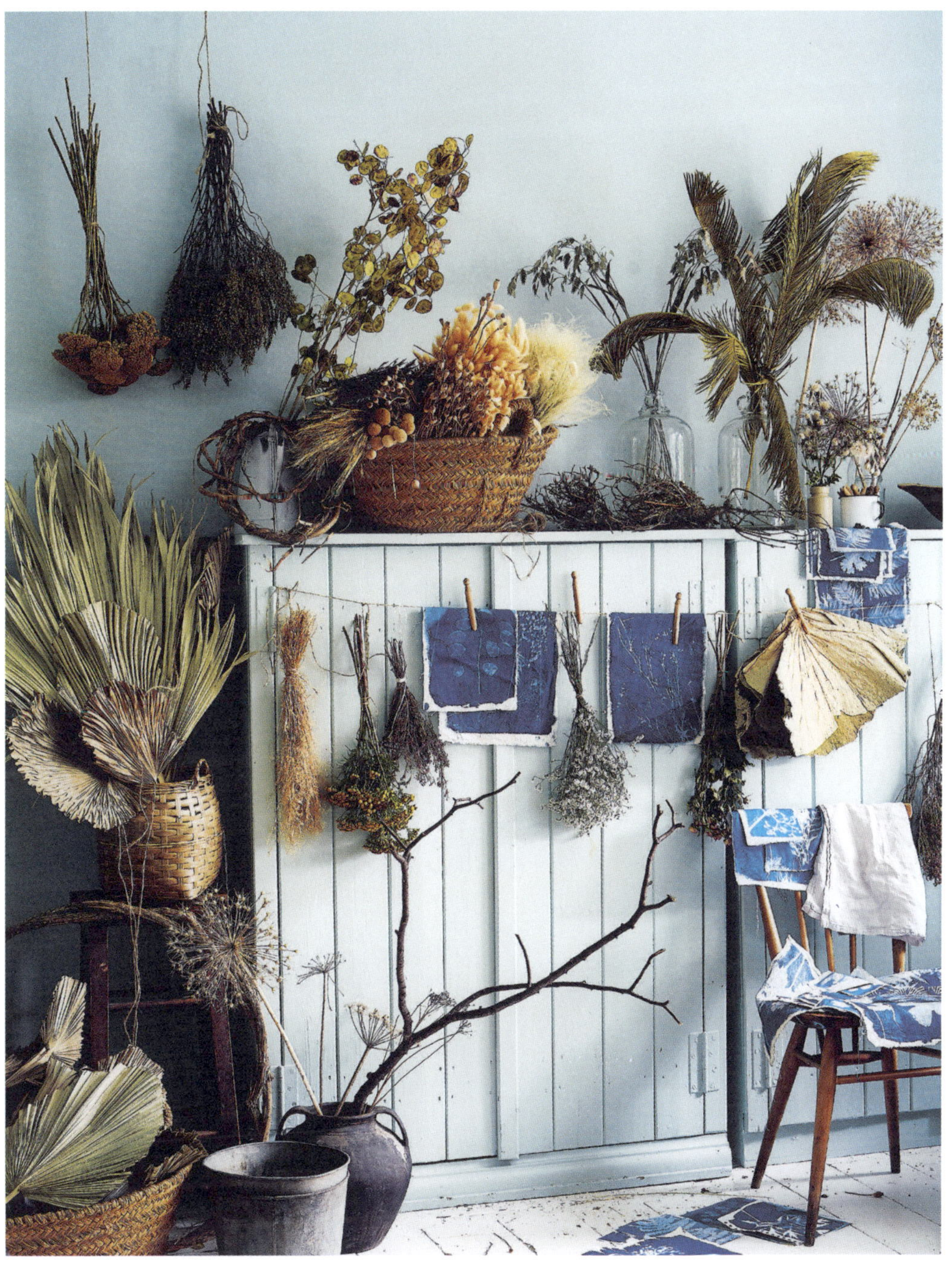

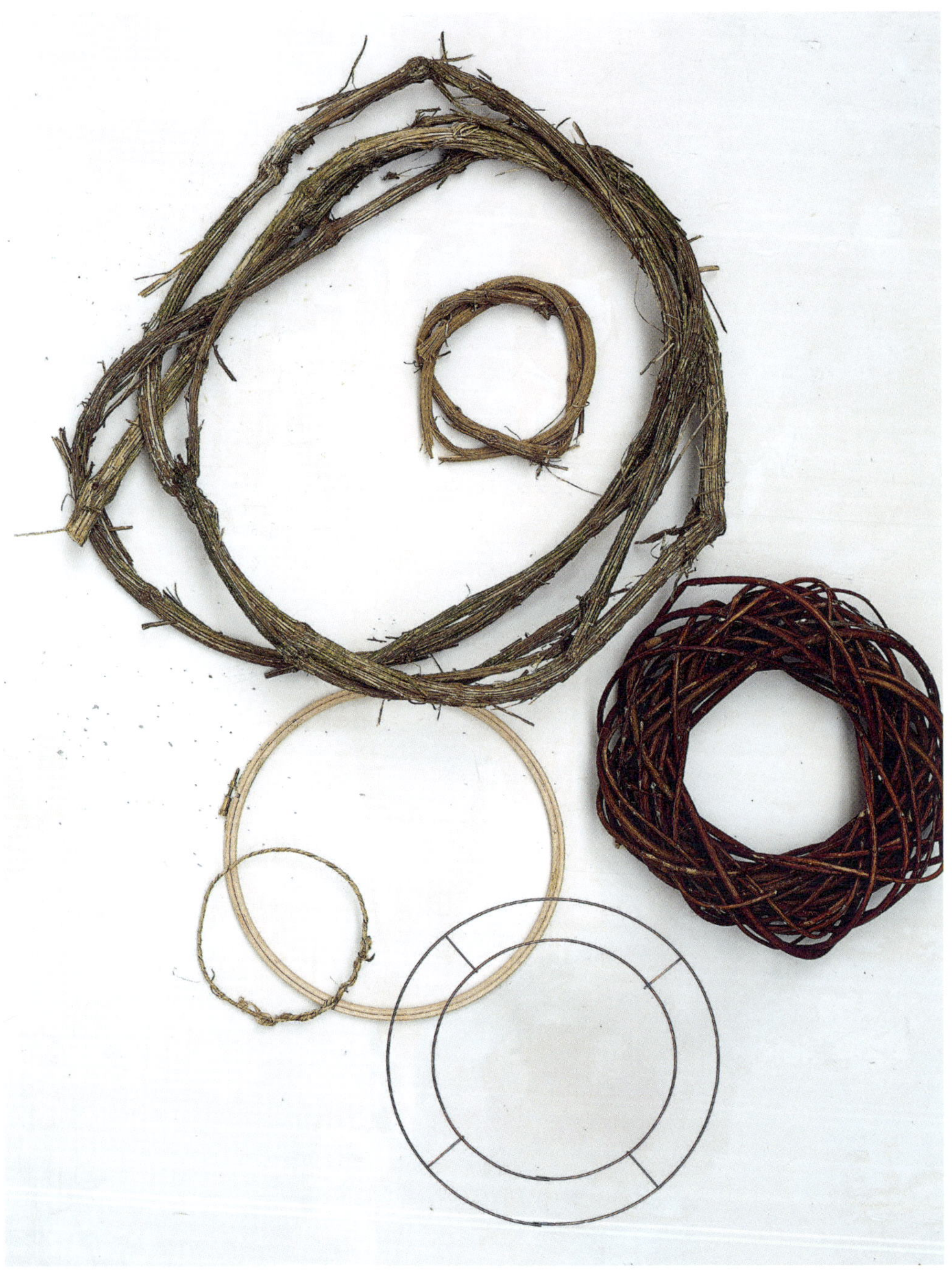

Materialien für Kranzgerüste

PFLANZENRANKEN

Als Basis für die meisten unserer Kränze verwenden wir ringförmig umeinandergeschlungene Ranken, weil sie so schön wild und natürlich aussehen, z. B. von Clematis, Wein, Glyzinie oder Geißblatt.

VORGEFLOCHTENE KRÄNZE

Handelsübliche Dekokränze bestehen häufig aus Weidenruten und sind meist entweder mit Klarlack oder farbig lackiert. Sie sind stabil und attraktiv.

STICKRAHMEN

Auch schlichte Stickrahmen aus Holz können – wie alle ringförmigen Objekte – als Grundgerüst für Kränze verwendet werden.

UMMANTELTER BLUMENDRAHT

Ummantelter Blumendraht (siehe Abb. links) lässt sich leicht in Form biegen oder wickeln und ist bestens geeignet für kleine, leichte Kränze.

VORGEFERTIGTE METALLRINGE

Ein Metallring speziell für Kränze ist eine wirklich praktische Sache. Es gibt einfache Drahtringe, Rahmen mit mehreren Ringen, die viele Befestigungspunkte bieten, und edle Ringe aus Kupferdraht, die besonders schön aussehen, wenn das Metall später teilweise freiliegt oder durch das Laub hindurchschimmert.

Einfaches Kranzgerüst

Schnell hergestellt: ein Rohling aus Pflanzenranken

Dieses Grundgerüst ist kinderleicht herzustellen – z. B. aus einer Clematisranke wie hier. Clematisranken sind sehr flexibel und lassen sich leicht zu Ringen biegen.

Je nach Stärke der verwendeten Ranke und der gewünschten Kranzgröße sollte die Ranke mehrfach um sich selbst geschlungen werden. Bei einer dicken Ranke reicht eine Schlaufe mit einer kurzen Überlappung an den Enden zum Fixieren des Pflanzenmaterials aus; bei dünnen, zarten Ranken sollten Sie drei oder vier Schlaufen legen, um ein stabiles Grundgerüst zu erhalten. Binden Sie die Ranken an mehreren Stellen mit Schnur zusammen, um sie zu fixieren.

1 Schneiden Sie mit einer Astschere eine Ranke auf die gewünschte Länge.

2 Biegen Sie die Ranke zu einem Ring in der gewünschten Größe, und schlingen Sie das Ende ein- oder zweimal um den Ring herum. Es muss kein perfekter Kreis entstehen.

3 Binden Sie die Ranke an drei oder vier Stellen mit Schnur oder Bindedraht fest zusammen, sodass Sie ein stabiles Gerüst erhalten. Anfang und Ende der Ranke einflechten, damit sie nicht nach außen abstehen.

4 Die Schnurenden abschneiden.

MATERIALIEN

1 Pflanzenranke (die Länge ist abhängig von der gewünschten Größe des Kranzes und der Stärke der Ranke)
Astschere
Schnur oder Blumendraht
Bonsai- oder Floristenschere

TIPP

* Reststücke Ihrer Ranke können Sie aufbewahren und für einen Miniaturkranz oder zum Aufhängen verwenden.

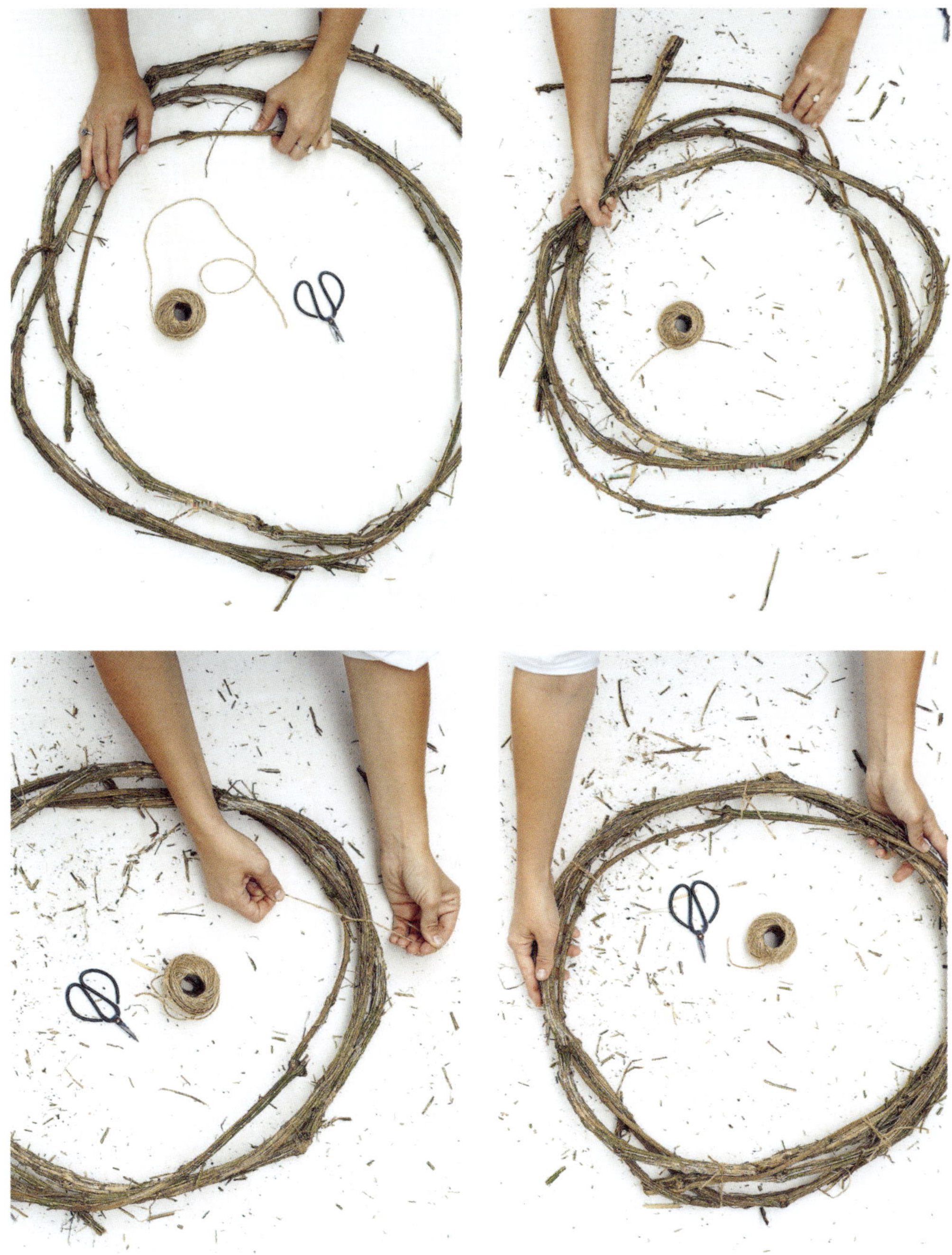

Nachhaltigkeit in der Floristik

In einer früheren Ausgabe dieses Buchs (in englischer Sprache) gab es einen Abschnitt zur Verwendung von Blumensteckschaum. Inzwischen wissen wir, wie schädlich dieser Schaum für die Umwelt ist. Steckschaum wird aus Kunststoff hergestellt, lässt sich nur einmal verwenden und ist biologisch nicht abbaubar.

Wir sind ein kleines Unternehmen und fühlen uns in der Pflicht, einen möglichst kleinen ökologischen Fußabdruck zu hinterlassen. Aus diesem Grund haben wir die Verwendung von Steckschaum vollumfänglich eingestellt – und auch aus der Materialienliste dieses Buchs entfernt.

Es gibt viele Alternativen, auf die man zurückgreifen kann, und in den vier Jahren, die wir nun ohne Steckschaum arbeiten, hat sich noch immer eine Lösung gefunden.

Wenn Sie Wert auf Nachhaltigkeit legen, sollten Sie beim Blumenkauf fair gehandelte Ware aus ökologischem Anbau und/oder saisonale Blumen aus der Region bevorzugen. Letztere sind frischer und oft auch interessanter als hochgezüchtete Importware, die um die halbe Welt geflogen wird, ehe sie ins Blumengeschäft gelangt.

Wir arbeiten mit Blumen, weil wir Mutter Natur lieben. Wir müssen uns bemühen, ihr zur Seite zu stehen.

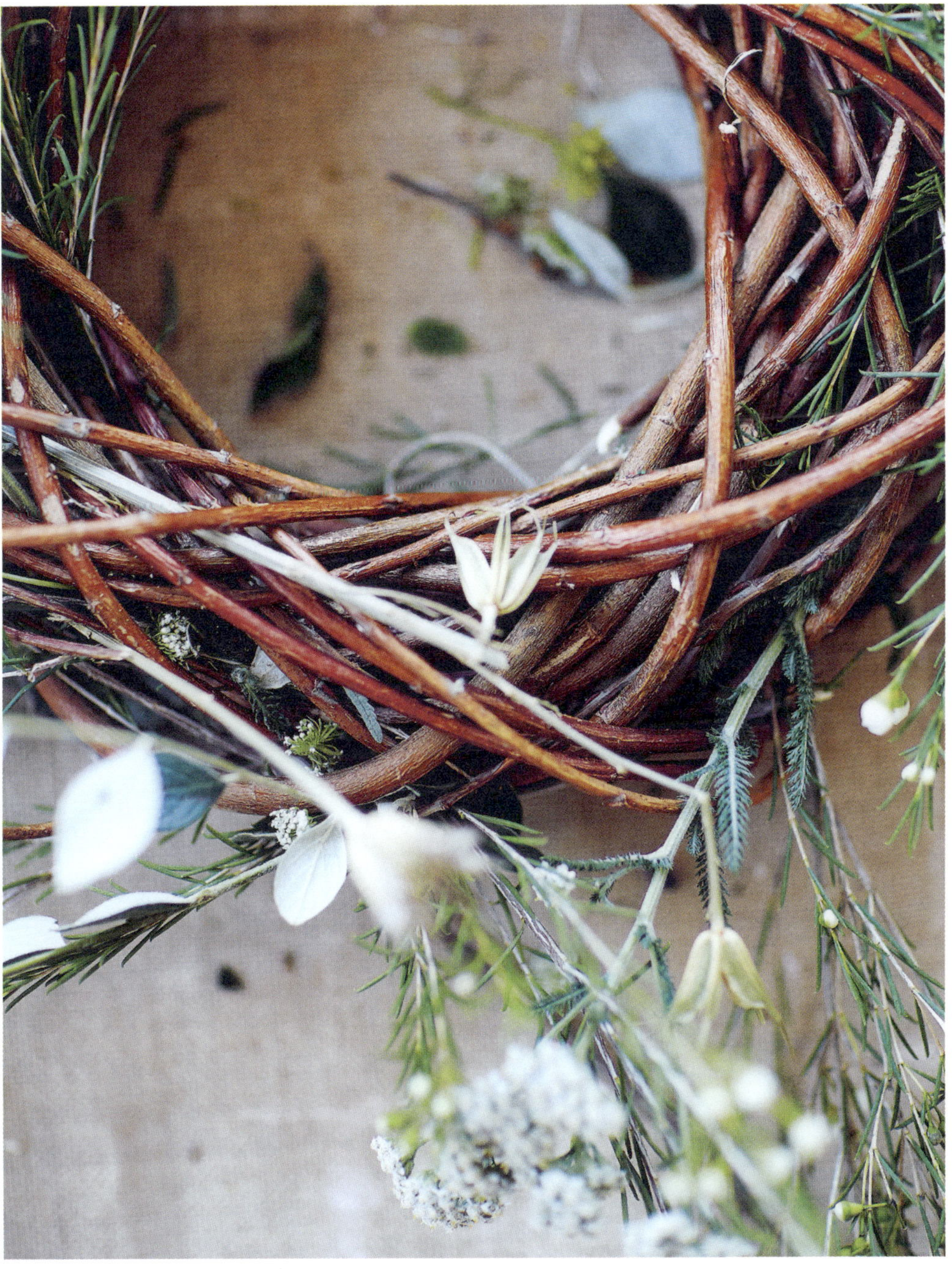

Andrahten

Andrahten bietet sich an, wenn etwas wirklich stabil sein soll. Es ist ebenso einfach wie effektiv. Die Farbe des Drahts können Sie passend zu den verwendeten Materialien wählen.

Floristendraht ist in den unterschiedlichsten Ausführungen erhältlich. Für die Herstellung von Kränzen sind Blumen- und Steckdraht besonders gut geeignet.

1 Legen Sie den Stiel einer Blume, eines Blatts oder eines Zweigs auf Ihr Kranzgerüst, und wickeln Sie den Draht sowohl um den Stiel als auch um das Gerüst. Das Anfangsstück des Drahts lose hängen lassen, damit Sie es nach dem Binden mit dem Drahtende verdrillen können. Wickeln Sie den Draht vier- oder fünfmal um Stiel und Rohling, bis der Stiel nicht mehr verrutschen kann.

2 Die beiden Drahtenden miteinander verdrillen und nach innen biegen, damit man sich nicht an ihnen verletzten kann. Überschüssigen Draht mit einer Drahtschere abschneiden.

VERWENDUNG VON BLUMENDRAHT

Blumendraht vom Holzstab oder von der Spule ist extrem dünn und damit die beste Wahl für Girlanden. Nach ein- oder mehrmaligem Umwickeln einzelner Pflanzenteile sind diese sicher an Ort und Stelle fixiert, und Sie können kontinuierlich weiteres Material hinzufügen, ohne den Draht abschneiden zu müssen. Das geht viel schneller, als würden Sie für jeden Stiel einzelne Drähte oder Schnurstücke verwenden.

VERWENDUNG VON DRAHTSTÜCKEN

Zum Fixieren dickerer oder verholzter Zweige sind einzelne kurze Drahtstücke besser geeignet. Sie können den Bindedraht entweder selbst auf die benötigte Länge schneiden oder vorgeschnittenen Steckdraht kaufen, der in Bündeln in verschiedenen Längen und Stärken erhältlich ist.

TIPP

* Schneiden Sie mehrere Drahtstücke auf die passende Länge, ehe Sie mit dem Binden eines Kranzes beginnen. So müssen Sie die Arbeit später nicht unterbrechen.

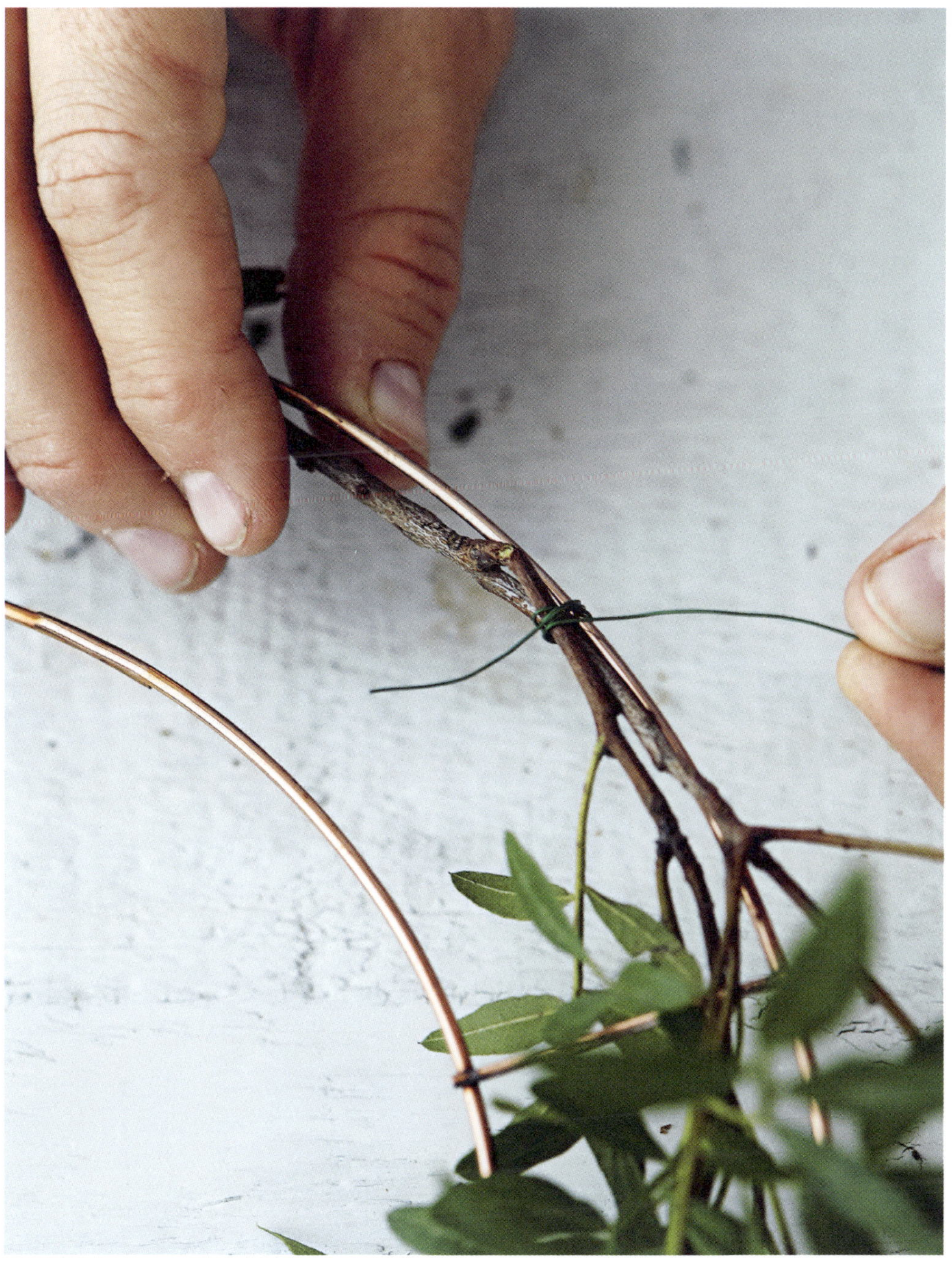

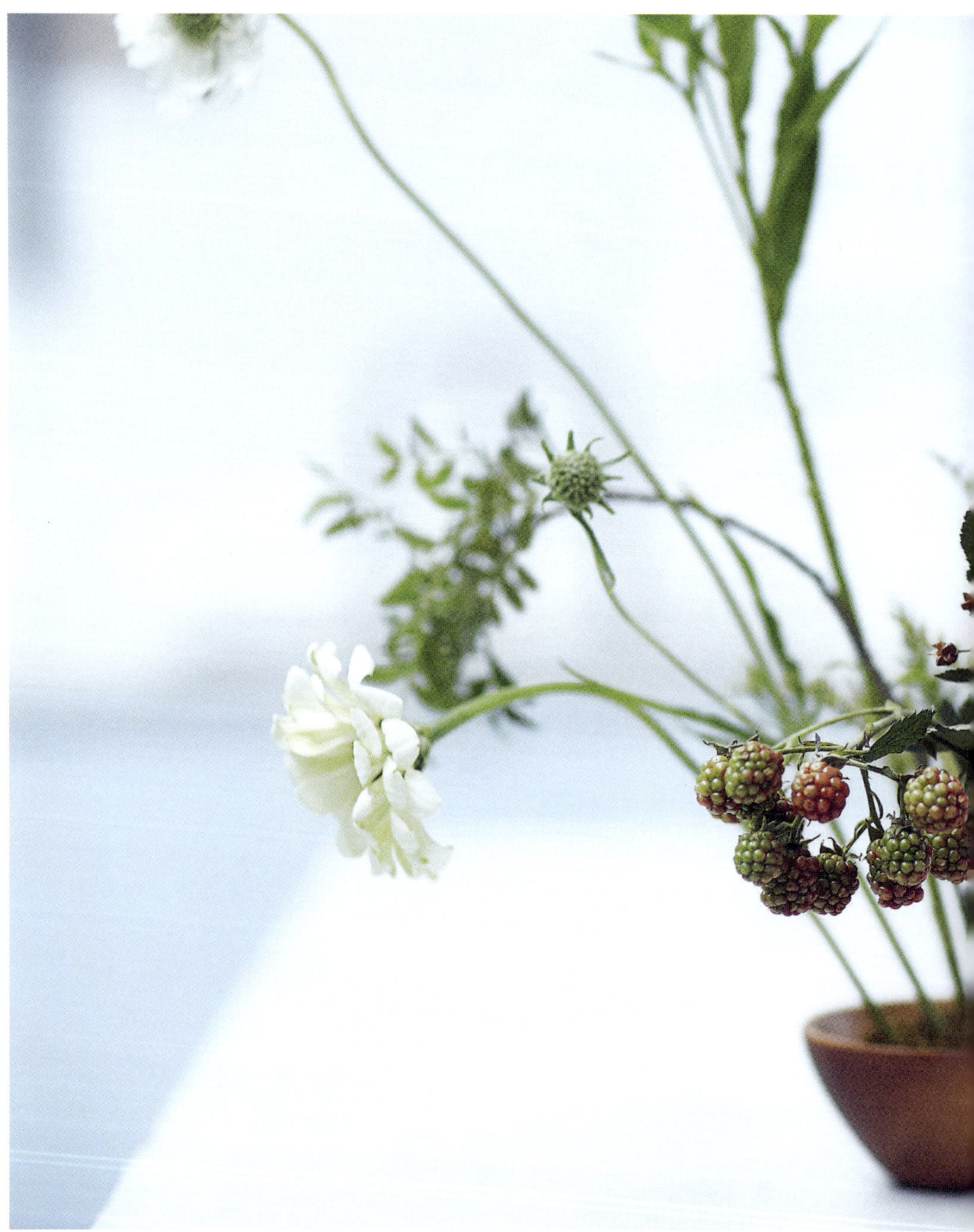

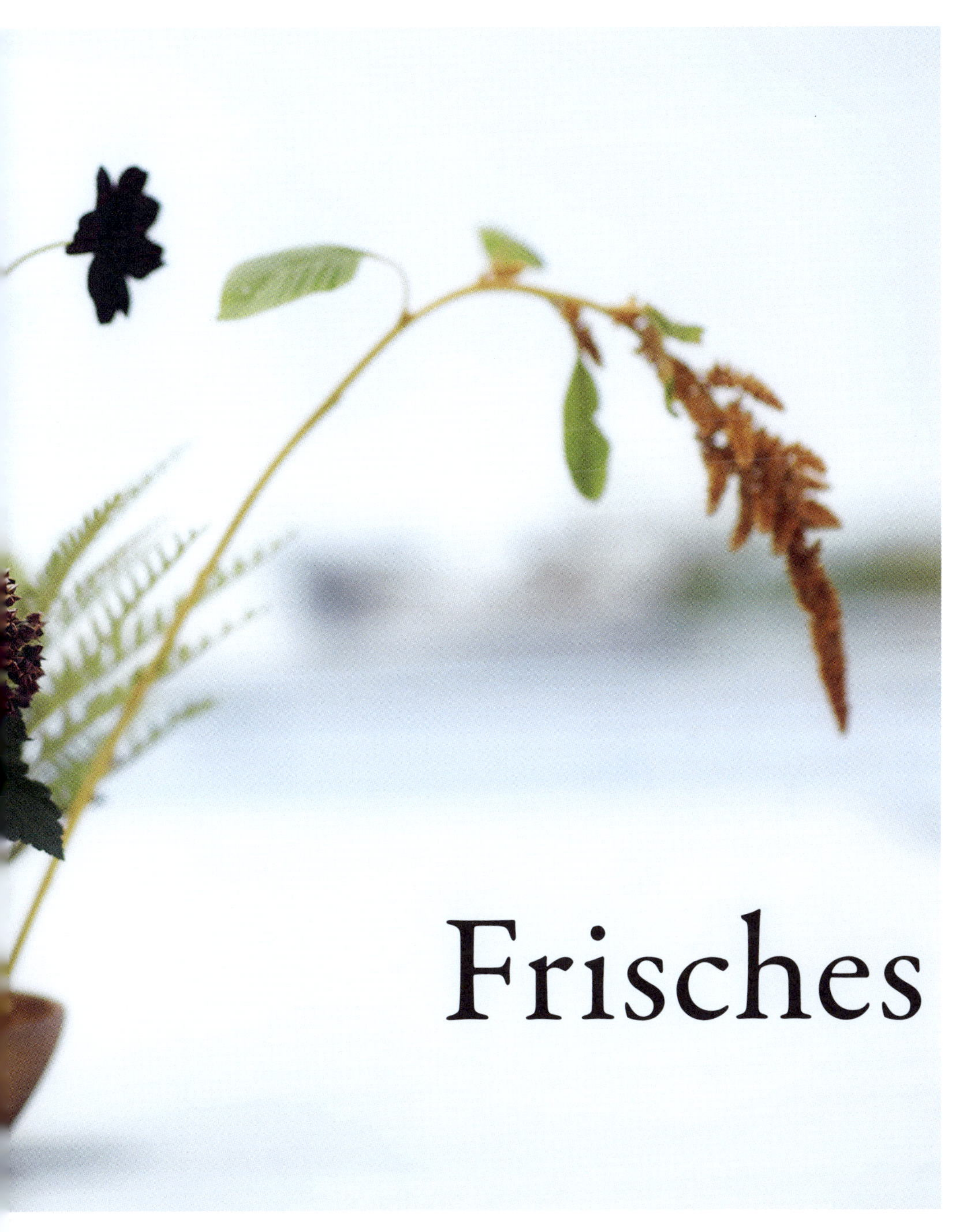

Frisches

Drei Projekte mit Blumen der Saison

Lassen Sie sich vom Wandel der Jahreszeiten inspirieren.

Wir versuchen stets, im Einklang mit den Jahreszeiten zu arbeiten. Das ist einer der Aspekte, die unsere Arbeit so interessant machen. Fast jede Woche erblüht eine andere Pflanze, und so stehen uns im Jahreslauf immer wieder neue Arbeitsmaterialien zur Verfügung. Es macht uns glücklich, auf diese Weise mit der Natur verbunden zu sein und aus unmittelbarer Nähe mitzuerleben, wie sich die Jahreszeiten und mit ihnen die Pflanzen wandeln.

Es gibt kaum etwas Schöneres, als im Frühling die ersten Narzissen erblühen zu sehen, im Frühsommer riesige Pfingstrosen zu bewundern, im Herbst orangefarbenes Buchenlaub und im Winter mit Flechten bedeckte Zweige zu sammeln. Egal, in welcher Jahreszeit wir uns gerade befinden: Mit frischen Blumen und Zweigen lässt sich stets etwas Besonderes gestalten.

Der Duft der Lieblingsblume kann Emotionen wecken, und wir freuen uns, wenn ein Kunde darum bittet, eine bestimmte Blume in ein Arrangement aufzunehmen, weil er ihren Duft liebt oder mit ihm eine besondere Erinnerung verbindet.

Frische Blüten setzen wir bei unseren Projekten jeweils ganz gezielt ein. Vielleicht wählen wir eine leuchtend pinkfarbene Dahlie als zentralen Blickfang oder Australische Wachsblumen, um eventuell noch vorhandene Lücken zu füllen. Eine einzelne langstielige Schokoladenblume kann mit ihrer interessanten runden Blüte einem Gebinde Schwung und Lebendigkeit verleihen. Auch einfache Wildblumen, die zuweilen sogar als Unkraut geschmäht werden, haben wir ins Herz geschlossen.

Da frische Blüten in Kränzen nur wenige Tage halten, ist eine gute Vorbereitung wichtig, damit sie während ihrer kurzen Lebensdauer so schön wie möglich bleiben. Entfernen Sie als Erstes überzählige Blätter vom Stiel, und schneiden Sie vom Stiel dann etwa 5 cm schräg ab, bevor Sie die Blume ins Wasser stellen. Achten Sie darauf, die empfindlichen Blütenköpfe nirgends anzuschlagen, damit sie keinen Schaden nehmen. Blattgrün wird auf die gleiche Weise behandelt: Kürzen Sie das Stielende schräg um 5 cm ein, und entfernen Sie am verbliebenen Ende über 5–7 cm alle Blätter, sodass der Stängel unten kahl ist.

Es gibt noch weitere interessante Tricks, um die Schönheit und Haltbarkeit frischer Blumen zu erhöhen. Bei Blumen, deren Knospen sich nur langsam öffnen (z. B. Rosen), lässt sich das Erblühen beschleunigen, indem man sie in warmes Wasser stellt. Die Zugabe eines Teelöffels Bleichmittel zum Blumenwasser verlängert die Lebensdauer von Schnittblumen, denn es verhindert die Ausbreitung von Bakterien.

Wir beziehen unser gesamtes Pflanzenmaterial nach Möglichkeit vom örtlichen Blumenmarkt und aus regionalem Anbau. Wir sind der Meinung, dass einheimische Saisonware meist von besserer Qualität ist als importierte Schnittblumen, die einen weiten Weg zurücklegen, um zu uns zu gelangen. Nur im Winter müssen wir auf importierte Blumen zurückgreifen, da die heimische Auswahl dann doch erheblich eingeschränkt ist.

Am liebsten jedoch pflücken wir Blumen selbst. Dazu haben wir nicht oft Gelegenheit, denn wir leben in der Stadt, aber wir kommen beide aus Familien, in denen ein Elternteil gärtnert, und wenn wir nach Hause kommen, gehen wir als Erstes in den Garten, um zu schauen, was gerade blüht. Wir schätzen es, dass Blumen aus dem Garten nie makellos sind: Immer gibt es ein seltsam geformtes Blütenblatt oder einen krummen Stiel. In unseren Augen macht sie das umso anziehender. Je weniger perfekt eine Blume ist und je mehr Charakter sie hat, desto mehr lieben wir sie.

Stuhlkränzchen

Ideal für die Verarbeitung selbst gepflückter Blumen

Kleine, schlichte Dinge sind oft besonders aussagekräftig.

Wir sind stets auf der Suche nach frischen Ideen für kleine florale Arrangements für unsere Veranstaltungen. Dieser über einen Stuhl gehängte Blütenkranz nimmt wenig Raum ein und setzt einen ebenso eleganten wie filigranen Akzent. Ist die Feier zu Ende, können die Gäste ihre Stuhlkränze mitnehmen.

Auch als Dekoration für einen schön gedeckten Tisch oder als besonderer Hingucker bei einem Sommerfest macht der Kranz eine gute Figur. Mit seinen zarten, romantischen Blüten bietet er sich zudem als kleines Extra für Hochzeitsdekorationen an: Binden Sie ihn einfach mit einem schönen Band an die Stühle des Brautpaares.

Die Herstellung ist kinderleicht. Weil der Kranz aus frischen Blumen gefertigt wird, bleibt er leider nur kurze Zeit schön. Kränze aus langlebigen oder getrockneten Pflanzen sind länger haltbar.

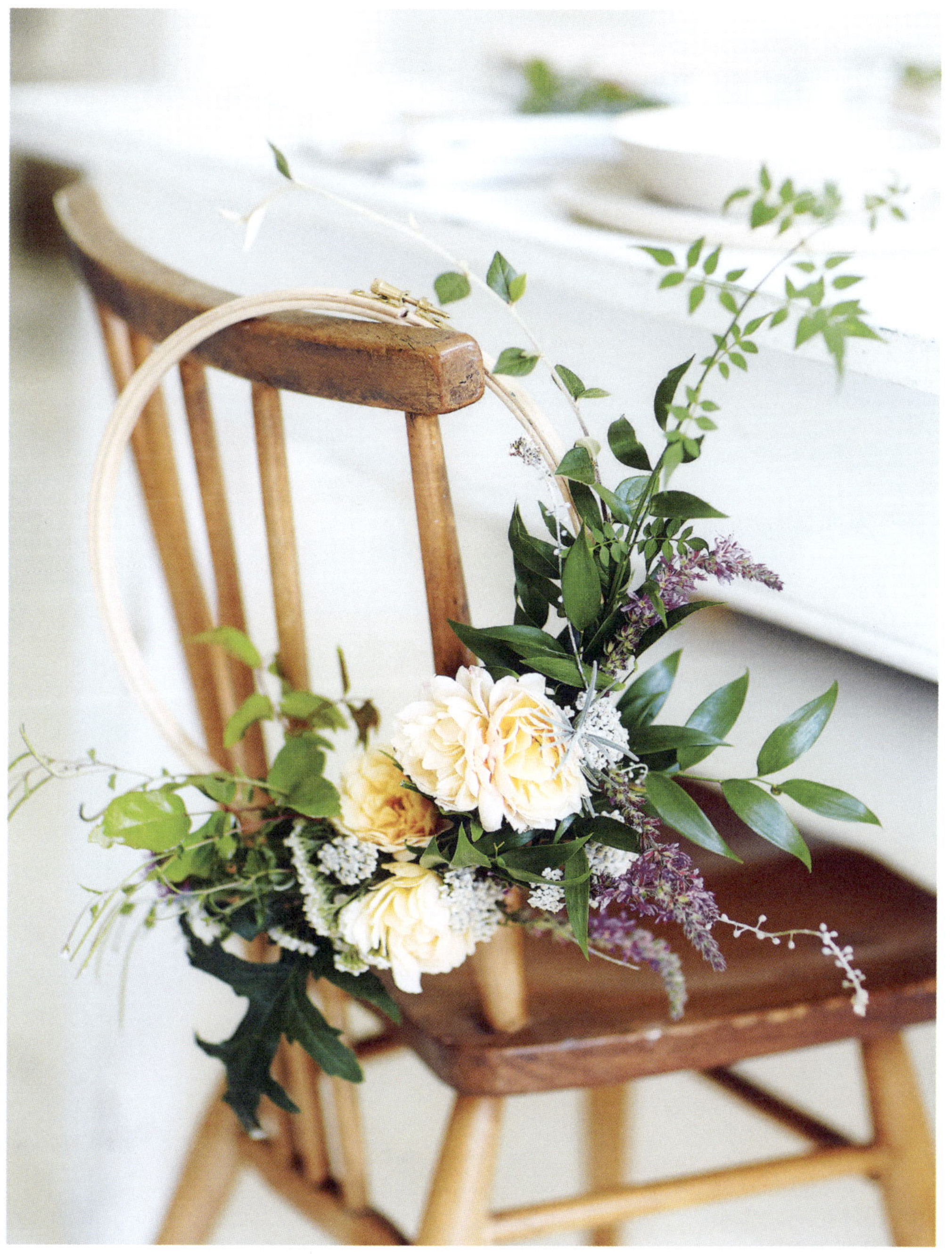

WERKZEUGE UND MATERIALIEN

Bonsaischere
1 Stickrahmen
Floristenband
ggf. Zierband oder 1 Streifen Leinenstoff

PFLANZENMATERIAL

4 Stängel Muskatellersalbei
2 Stängel Schafgarbe
2 Zweige Zwergmispel
4 kleinblütige gefüllte Gartenrosen mit Stiel (hier: Rosa 'The Fairy')
1 Zweig Jasmin
2 Zweige Rosmarin
1 Zweig Mäusedorn

1 Legen Sie alle Materialien zurecht. Die Blütenstängel schräg auf etwa 8 cm Länge, das weniger empfindliche Blattgrün ebenfalls schräg auf etwa 16 cm Länge schneiden. Empfindlichere Zweige nicht ganz so stark kürzen. Legen Sie einen Zweig beiseite, um ihn als besonderen Hingucker erst ganz zum Schluss einzufügen. Dafür haben wir hier einen etwa 24 cm langen Jasminzweig gewählt.

2 Beginnen Sie mit der Befestigung des Blattwerks am Stickrahmen. Mäusedorn eignet sich gut als grünes Grundgerüst und sorgt außerdem für eine harmonisch wirkende Silhouette. Alle Materialien mit Floristenband fixieren. Wenn Sie das Band etwas dehnen, wird es fast durchsichtig und haftet an sich selbst, nachdem Sie es um den Stiel und den Holzrahmen gewickelt haben. Bei diesem Kranz werden die Blumen am unteren Ende des Rahmens gruppiert und bilden dort den Schwerpunkt; das Laub „wächst" zu beiden Seiten daraus hervor.

Fügen Sie das Blattgrün nacheinander hinzu, wie es Ihnen gefällt. Dabei die Stiele ziegelartig übereinanderlegen, sodass das Band jeweils verdeckt wird. Da alle Materialien in die gleiche Richtung zeigen, ist das leicht zu bewerkstelligen.

3 Ist alles Blattgrün verarbeitet, können Sie mit der Befestigung der Blumen beginnen. Gehen Sie dabei genauso vor: Legen Sie jeden neuen Stängel so an, dass die Blüte das Band ihrer Vorgängerin überdeckt. Sie können die Blüten in beliebiger Reihenfolge hinzufügen, aber die beste Wirkung erzielen Sie, wenn Sie die größeren Blüten in Gruppen arrangieren. Damit lassen sich sichtbare Stellen des Wickelbands außerdem sehr gut verdecken. Hier liegen die Rosen dicht beieinander und setzen einen deutlichen optischen Schwerpunkt.

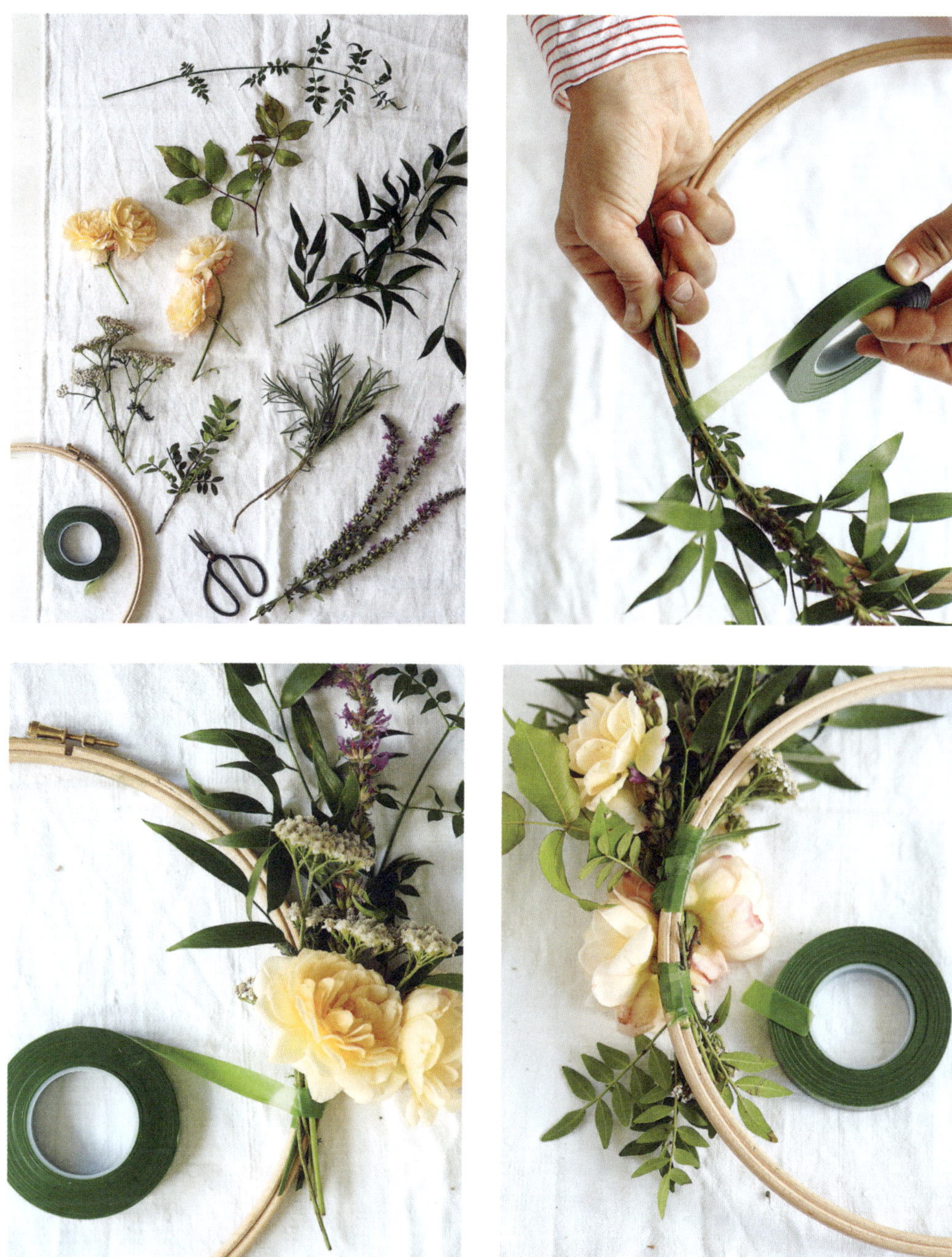

4 Sind alle Blüten hinzugefügt, schieben Sie den letzten beiseitegelegten Zweig so unter eine der Blüten, dass er deutlich in eine andere Richtung weist. Etwas Zartes wie Jasmin eignet sich dafür besonders gut. Anstatt den Zweig mit Band zu befestigen, können Sie den Stiel einfach um den Holzrahmen winden oder vorsichtig zwischen Blüten und Blättern feststecken.

Hängen Sie den Kranz entweder über die Armlehne eines Stuhls, oder binden Sie ihn mit einem Leinenstreifen oder einem Stück Zierband an der Rückenlehne fest. Das Band zu einer Schleife schlingen.

TIPPS

* Soll der Kranz länger als einen Tag halten, wählen Sie Blumen mit robusten oder verholzenden Stängeln wie Kaprosen, Goldgarbe oder Heidekraut oder andere Blumen, die auch getrocknet noch hübsch aussehen.

* Für dieses Projekt kann jedes beliebige Gerüst verwendet werden, es muss nicht unbedingt ein Stickrahmen sein. Sie können denselben Kranz auch mit einem Rohling aus Draht oder Ranken herstellen.

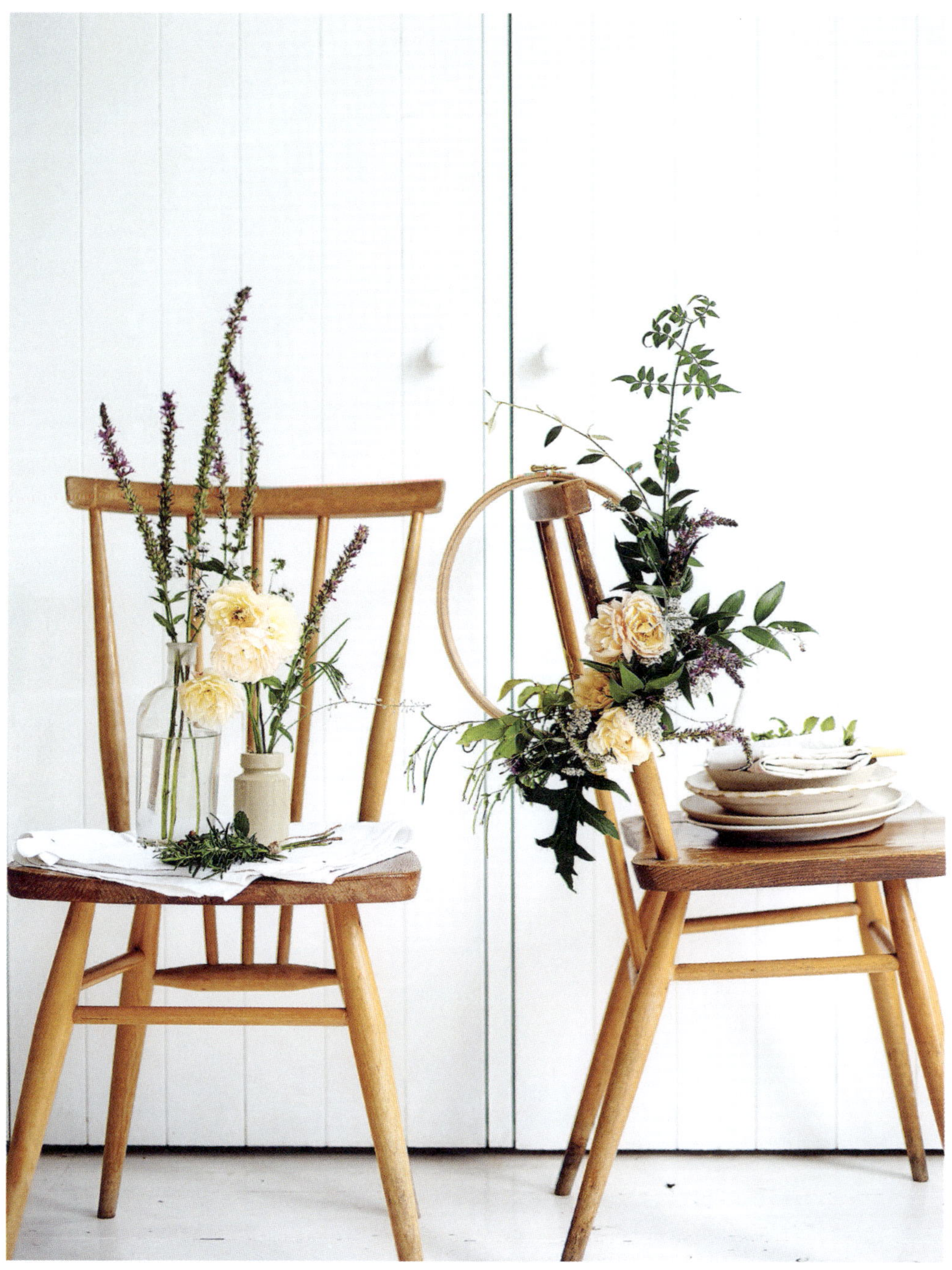

Seiltänzer

In der Schwebe

Die Bitte, eine große, möglichst eindrucksvolle Blumendekoration zu kreieren, kann auch erfahrene Florist:innen vor eine Herausforderung stellen. Doch wie immer suchen wir auch in solchen Fällen nach einer möglichst unkomplizierten Lösung. Ein großes Arrangement aus Blumen und Zweigen lässt sich am einfachsten herstellen, wenn man es aus mehreren kleinen Teilen zusammensetzt. Das liegt daran, dass man die Teile auf relativ beengtem Raum anfertigen kann und sie im Allgemeinen leichter zu transportieren, auf- und wieder abzubauen sind.

Hängender Raumschmuck wirkt besonders interessant, wenn die Objekte in unterschiedlichen Höhen schweben. Sehr effektvoll ist dies in Räumen mit hohen Decken und freigelegten Balken, an denen sich mehrere Kränze aufhängen lassen, die insgesamt eine beeindruckende Kulisse schaffen. Wenn Ihnen die Fläche für eine solch ausladende Installation fehlt, reduzieren Sie einfach die Zahl der Einzelobjekte, oder gestalten Sie diese dem vorhandenen Platz entsprechend in kleinerem Format.

Das ist das Tolle an diesem Projekt: Von der Miniversion für eine kleine Runde, die sich in der Küche trifft, bis zur XXL-Version für eine Hochzeit oder einen anderen festlichen Anlass ist alles möglich.

Für unsere am Seil schwebenden Kränze haben wir Zweige und frische Blumen verwendet, die schnell welken, aber Sie können genauso gut mit getrockneten oder länger haltbaren Pflanzen arbeiten. Wenn Sie es bunt mögen, wählen Sie zum Aufhängen farblich passende Schmuckbänder – vor allem, wenn es sich um relativ kleine Kränze handelt. Dieses Projekt bietet schier grenzenlosen Spielraum für eigene Ideen.

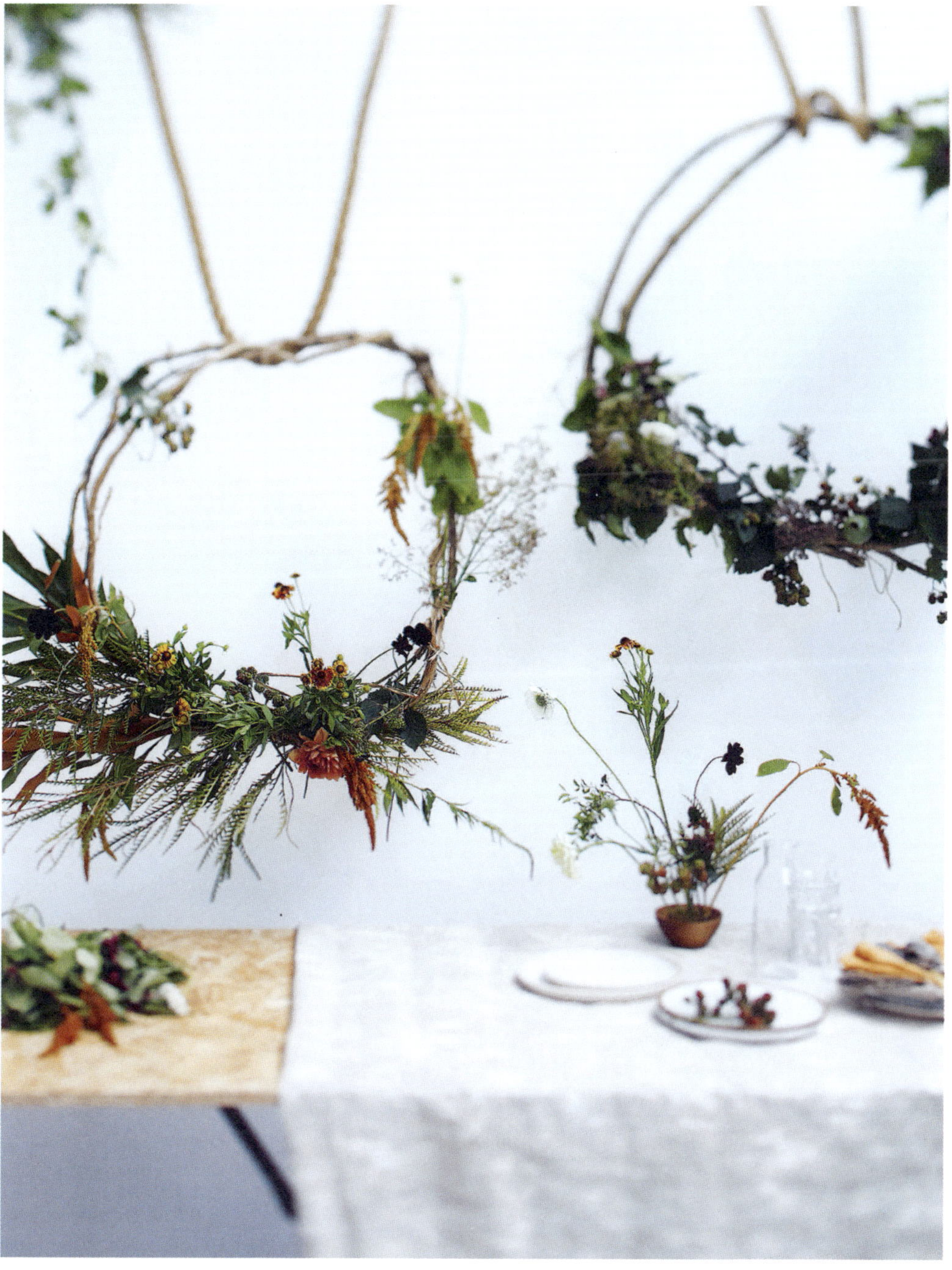

WERKZEUGE UND MATERIALIEN

Floristenschere
Schnur
unbehandeltes Manilaseil zum Aufhängen, 6 m
ggf. mehrere Deckenhaken

PFLANZENMATERIAL

3 Clematisranken in unterschiedlichen Längen, jeweils zwischen 2,5 und 4 m
3 Brombeerzweige mit Beeren und Blättern
6 Schokoladenblumen
1 Efeuranke, ca. 50 cm
2 Stängel Sonnenhut
1 orangefarbene Dahlie
8 Eukalyptuszweige
6 Stängel Sonnenbraut
3 Zweige Jasmin (nur Blattgrün)
4 Pistazienzweige
5 Mohnkapseln
1 Zweig Mäusedorn
5 weiße Skabiosen
2 Perückenstrauchzweige
3 Ähren wilder Gräser

1 Winden Sie aus den Clematisranken drei Kranzgerüste in verschiedenen Größen (siehe S. 20). Legen Sie die Rankenkränze in der Anordnung, in der sie später aufgehängt werden sollen, auf den Fußboden. Es bleibt Ihnen überlassen, auf welche Längen Sie die Stängel von Blüten und Zweigen schneiden möchten. Wenn Ihnen ein eher wildes Arrangement vorschwebt, lassen Sie die Stängel relativ lang, sodass Blumen und Blätter etwas abstehen; mögen Sie es eher ordentlich, schneiden Sie die Stängel kurz und binden sie eng am Kranz fest.

2 Binden Sie mit Schnur zunächst das Blattwerk an die Ranken. Schichten Sie das Material dachziegelartig, um die Wicklung zu verdecken. Bei diesem Projekt werden die Kränze nur in der unteren Hälfte mit Blumen und Blattwerk geschmückt, sodass die Clematisranken teilweise sichtbar bleiben. Damit es nicht langweilig wird, können Sie bei den einzelnen Kränzen unterschiedliche Schwerpunkte setzen: Fixieren Sie auf einer Seite des Gerüsts mehrere Zweige dicht an dicht, und setzen Sie auf der anderen Seite mit einigen wenigen Zweigen, die in die andere Richtung zeigen, einen interessanten Gegenakzent.

3 Sind Sie mit der Anordnung des Blattwerks zufrieden, beginnen Sie mit dem Einflechten der Blüten. Die mit den kräftigsten Stängeln kommen zuerst. Platzieren Sie sie – z. B. in Gruppen – dort, wo sie Ihrer Meinung nach am besten zur Geltung kommen, und verteilen Sie die übrigen Blüten

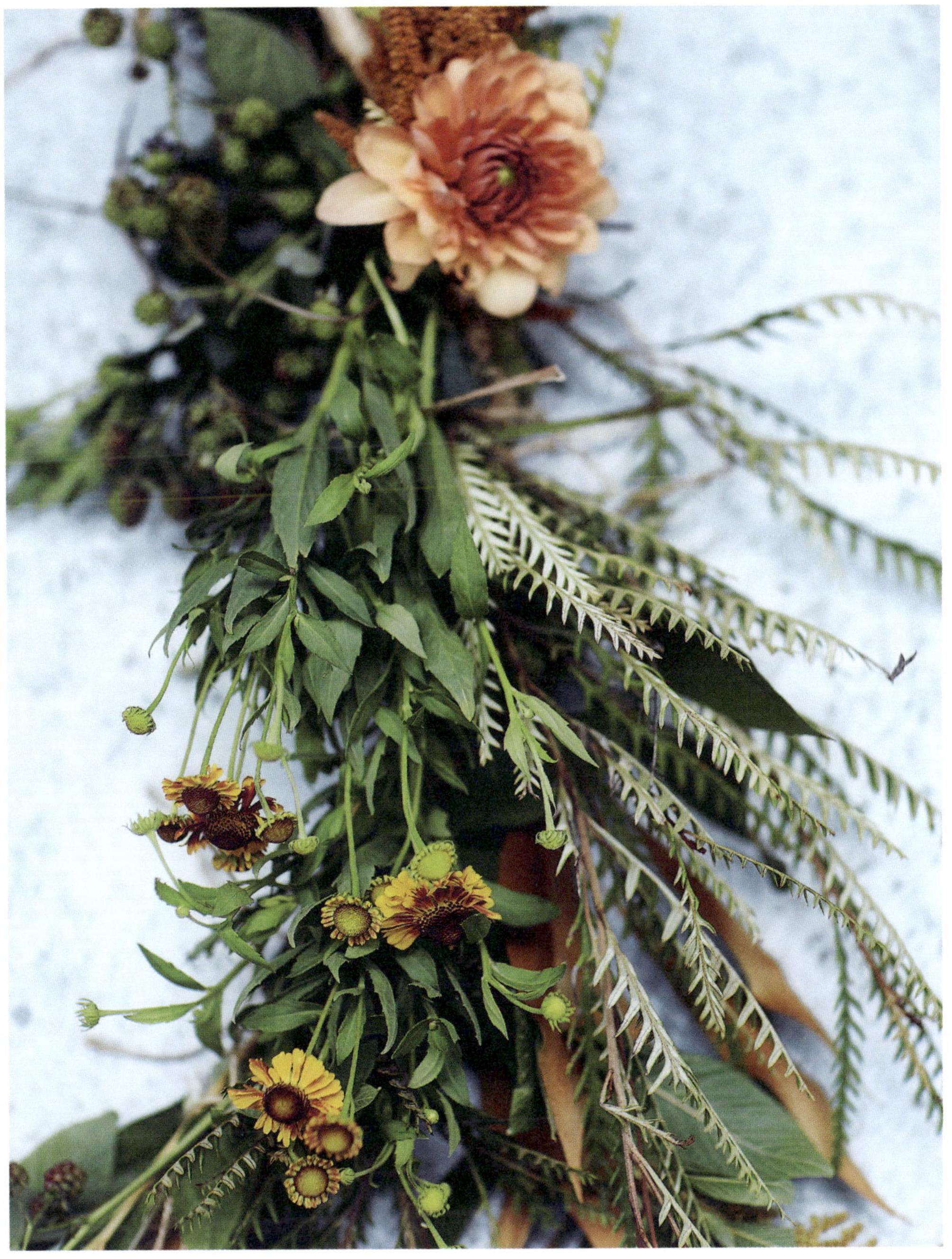

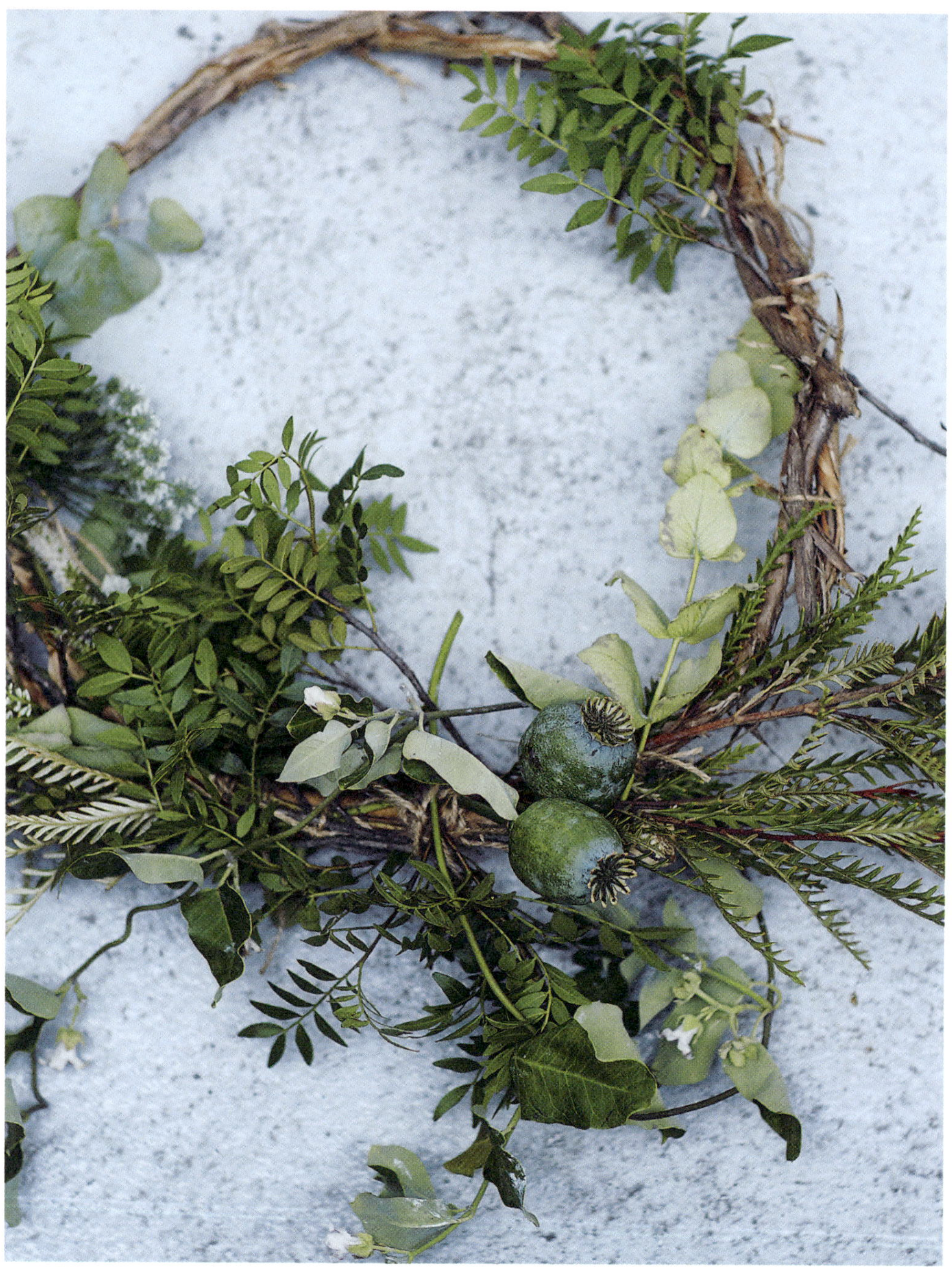

sparsamer über den restlichen Kranz. Achten Sie darauf, in jeden Kranz zumindest einige Blüten einzuarbeiten. Blüten mit zarteren Stängeln am besten erst nach dem Aufhängen der Kränze hinzufügen.

4 Sind die Blüten eingearbeitet, können Sie die Kränze aufhängen. Befestigen Sie dafür das Seil sicher an einem Balken oder Deckenhaken – sodass es sich nicht lösen kann, selbst wenn die Kränze schwingen. Ein mehrteiliges schwebendes Arrangement wirkt am besten, wenn die einzelnen Objekte auf verschiedenen Höhen hängen. Ziehen Sie das Seil durch den ersten Kranz, entscheiden Sie, in welcher Höhe er hängen soll, und fixieren Sie das Seil am Balken oder Haken. Das Seilende durch den nächsten Kranz fädeln und an der zweiten Halterung befestigen. Fahren Sie auf diese Weise fort, bis alle Kränze aufgehängt sind.

5 Zum Schluss fügen Sie noch die empfindlichen Blüten hinzu. Wahrscheinlich brauchen Sie die Stängel einfach nur unter die vorhandenen Schnüre zu stecken. Falls Sie sie festbinden müssen, dann nur locker und vorsichtig, um sie nicht zu beschädigen.

TIPPS

* Bedenken Sie beim Aufhängen nicht nur den Abstand der Kränze zur Decke, sondern auch ihre Abstände zueinander. In größeren Räumen können sie wesentlich weiter auseinandergehängt werden als in kleinen.

* Uns gefällt es, wenn ein Teil der Kranzbasis frei bleibt oder durch das Laub hindurchschimmert. Wenn Sie die Kränze rundherum mit Pflanzenmaterial bedecken möchten, müssen Sie die angegebenen Mengen verdoppeln.

* Sie können die Kranzgerüste aufbewahren und wiederverwenden. Entfernen Sie einfach das Pflanzenmaterial, sobald es verwelkt oder vertrocknet ist.

* Übrig gebliebene Blüten und Zweige können Sie für kleine Tischgestecke verwenden. So erhalten Sie ein stimmiges Ensemble.

Sommerkranz

Holen Sie sich den Frühsommer ins Haus!

Frühling und Frühsommer gehören zweifelsohne zu den schönsten Zeiten des Jahres. Das Hochgefühl, das sie in uns wecken, wenn an Blumen und Bäumen die Knospen aufbrechen, ist kaum zu übertreffen. Wir Florist:innen können nun endlich wieder viele Monate aus dem Vollen schöpfen. Unser Beruf bringt es mit sich, dass wir sehr früh aufstehen müssen, was in den kalten, dunklen Wintermonaten schwerfällt, aber wenn die Tage allmählich wärmer und länger werden, springen wir schon in der Dämmerung fröhlich aus dem Bett.

Wir lieben Jahreszeitenkränze und den damit verbundenen Gedanken, jede Jahreszeit ausgiebig zu zelebrieren. So kommen wir der Natur ein ganzes Stück näher. Frühling und Sommer bedeuten, dass man nun wieder auf jedem Spaziergang ein paar Blüten und Zweige pflücken kann. Die daraus gebundenen Kränze sind wie Momentaufnahmen dessen, was in der heimischen Umgebung gerade sprießt und gedeiht.

Das folgende Projekt ist einfacher, als es aussieht, denn als Grundlage dient eine vorgefertigte Kranzbasis, die sich beliebig oft wiederverwenden lässt. Da die frischen Blumen ohne Wasser auskommen müssen, eignet sich der Kranz insbesondere für ein festliches Ereignis oder einen anderen besonderen Anlass. Das Kranzgerüst aus lackierten Weidenzweigen ist an sich schon sehr attraktiv, sodass Sie die Form nicht unbedingt vollständig abdecken müssen.

Dieser Kranz bringt ein Stück wilde Blumenwiese ins Haus und verschönert damit jeden Raum. Als dekorativer Willkommensgruß im Eingangsbereich versetzt er Gäste in Frühsommerstimmung.

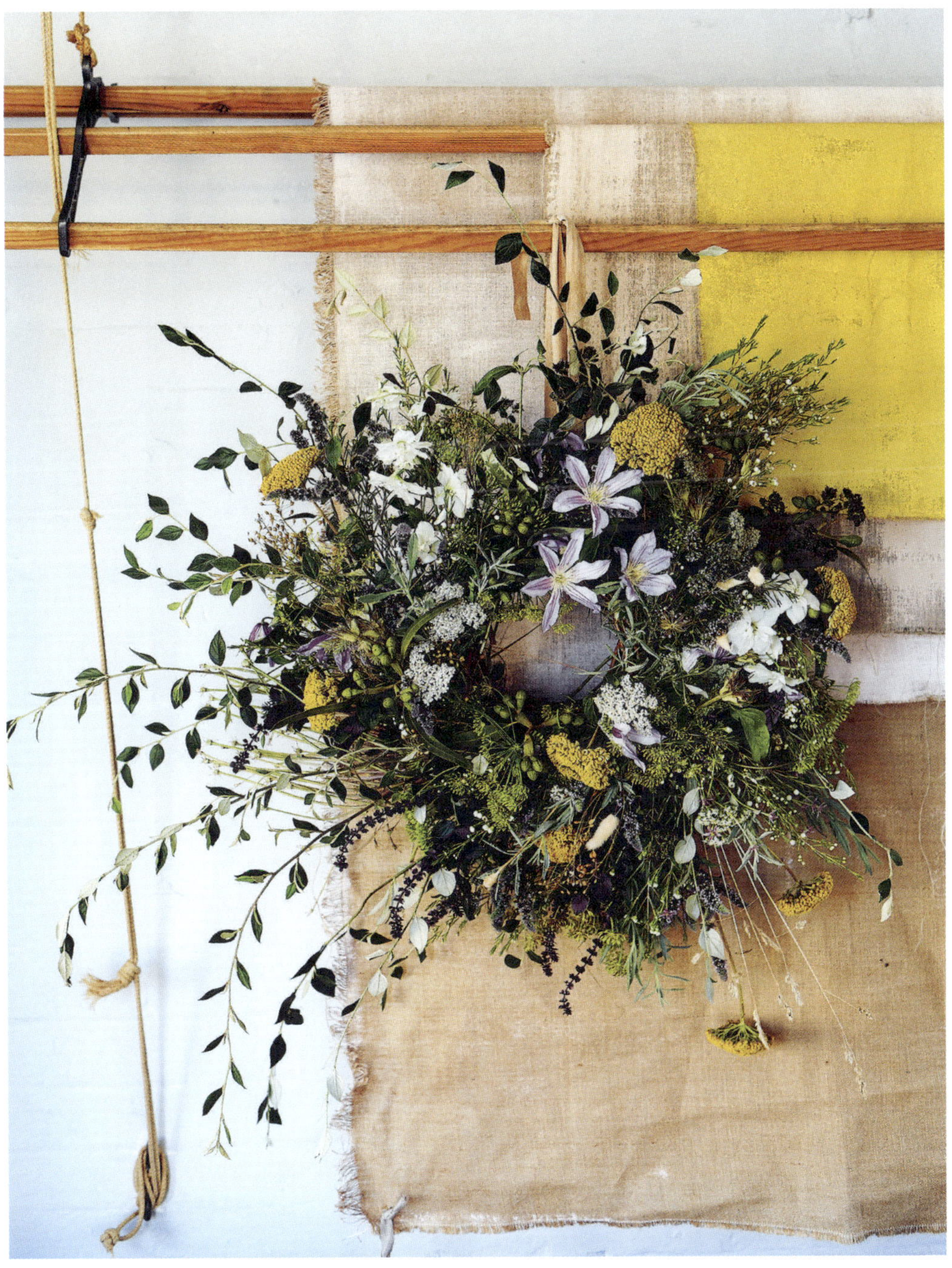

WERKZEUGE UND MATERIALIEN
Floristenschere
1 lackierter Dekokranz aus Weidenzweigen
1 Streifen Leinenstoff oder Seil zum Aufhängen
ggf. Nagel oder Haken

PFLANZENMATERIAL
7 Stängel weiße Schafgarbe
10 Stängel Goldgarbe
8 Stängel blühendes violettes Basilikum
3 Clematisranken mit blauen Blüten
8 Zweige Zwergmispel
2 Stängel weißer Rittersporn
5 Stängel Fenchel
5 Zweige Lavendel
5 Stängel blühende Minze
7 Stängel Australische Wachsblume
10 Wildgräser

1 Schneiden Sie alle Stiele und Zweige auf verschiedene Längen: diejenigen, die aus dem Kranz hervorlugen sollen, auf etwa 30 cm und diejenigen, die sich enger an die Basis schmiegen sollen, auf ca. 15 cm. Beginnen Sie damit, das Blattgrün von oben im Uhrzeigersinn einzuflechten. Sie müssen die Stängel nicht mit Draht oder Floristenband fixieren: Das Weidengeflecht ist so dicht, dass es allen Zweigen sicheren Halt bietet. Diese Art von Kranz sieht am besten aus, wenn das gesamte Pflanzenmaterial in dieselbe Richtung zeigt; so erhält der Kranz eine schöne, gleichmäßige Form, und Blüten und Blätter fügen sich harmonisch ineinander.

2 Flechten Sie weiter Laub in Ihren Kranz ein – immer schräg und der Kranzbiegung folgend –, bis die Basis gut abgedeckt ist. Fügen Sie anschließend, wiederum im Uhrzeigersinn, Blumen hinzu, wo sie Ihrer Meinung nach am besten zur Geltung kommen. Sie können den Blütenschmuck entweder gleichmäßig über den gesamten Kranz verteilen oder die Blüten in Gruppen oder Mustern anordnen.

TIPPS

* Blumen mit verholzenden Stängeln wie z. B. Australische Wachsblumen und Hortensien halten sich auch ohne Wasser eine Weile, während Blumen mit hohlen Stängeln wie Narzissen oder Mohnblumen schnell welken. Bei der Auswahl Ihres Pflanzenmaterials sollten Sie dessen Haltbarkeit stets im Hinterkopf behalten.

* Dieses Projekt eignet sich gut für Blumen, die auch getrocknet noch schön aussehen, wie z. B. Schafgarbe, Heidekraut oder Hortensien.

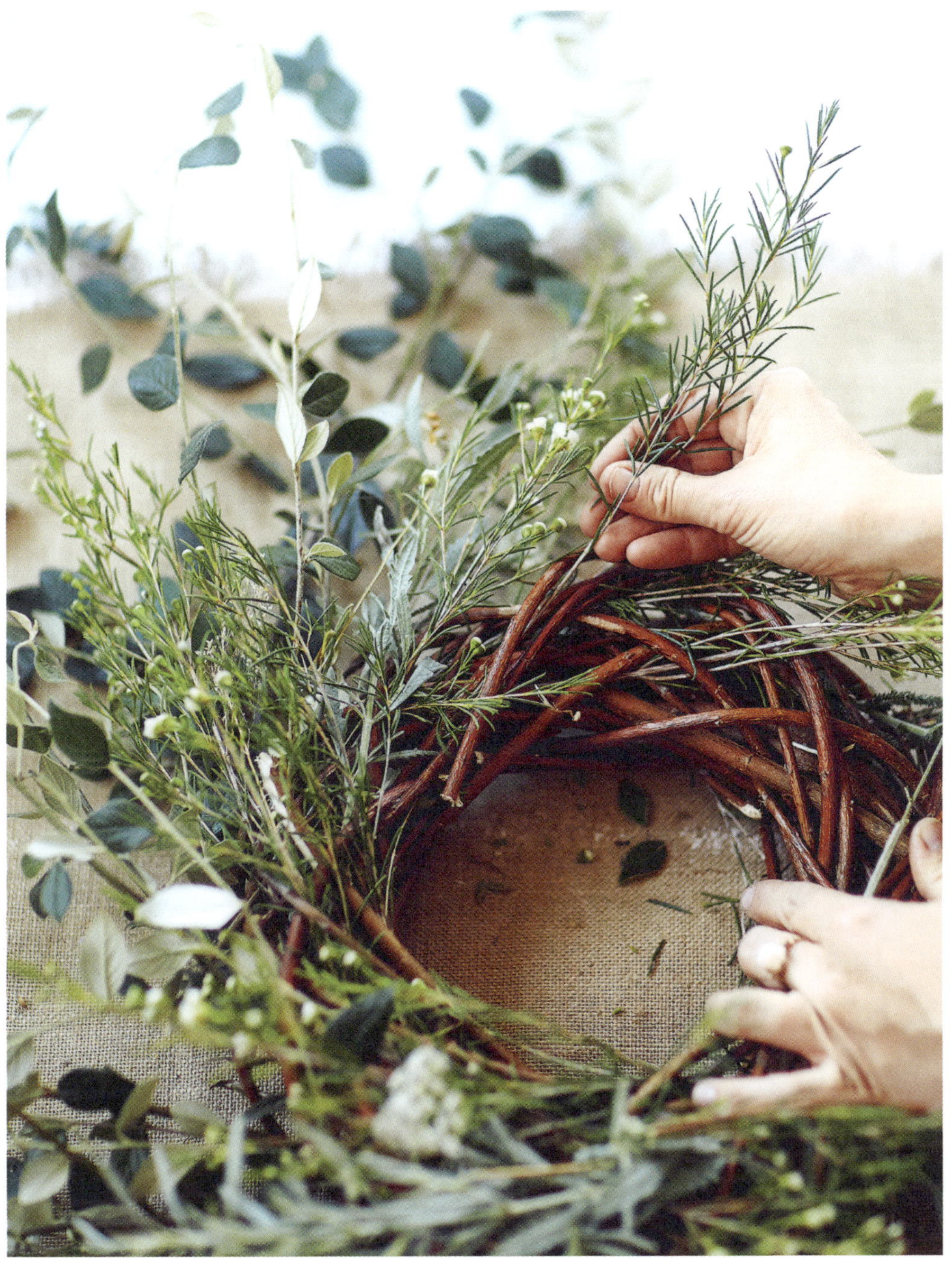

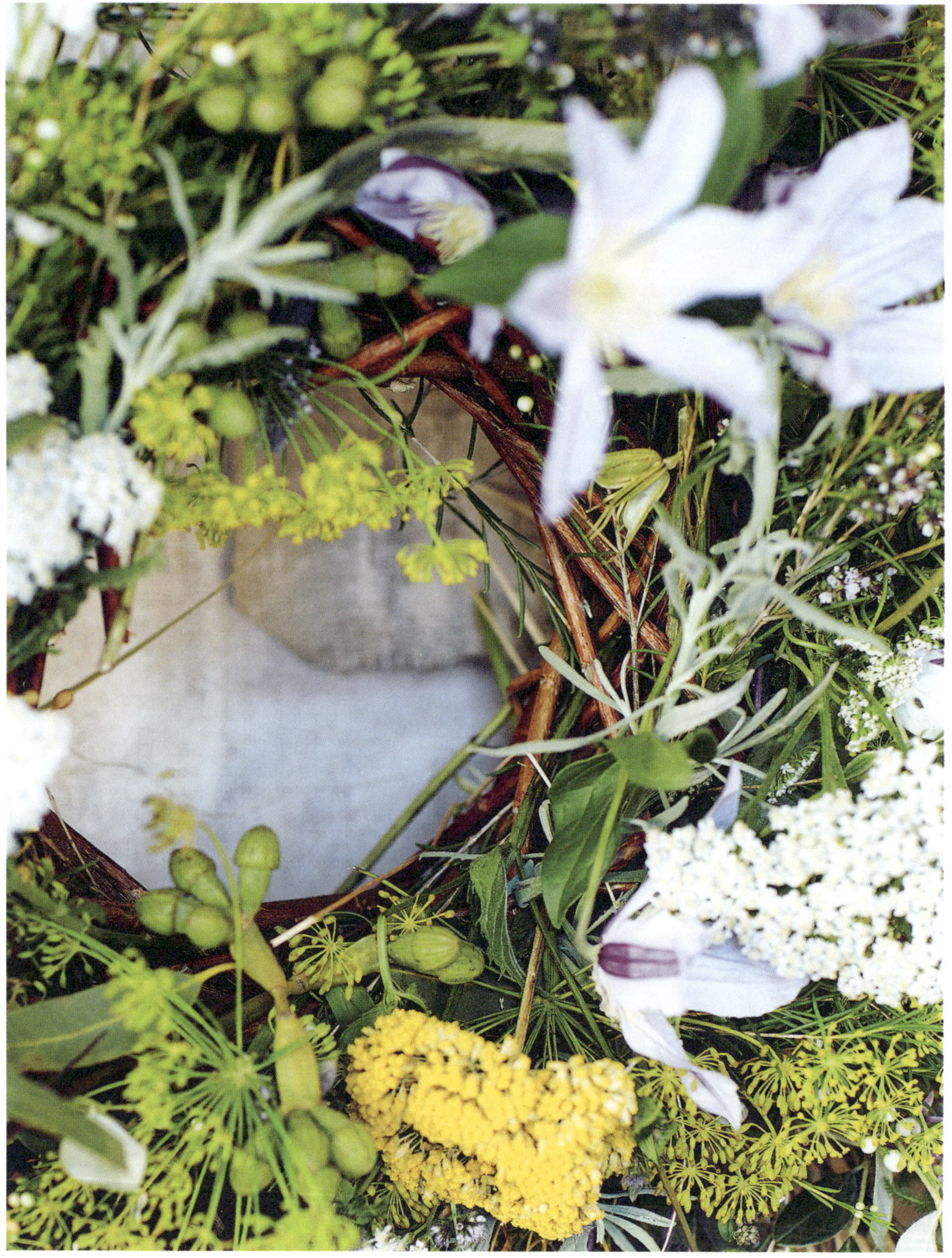

3 Fädeln Sie einen Leinenstreifen oder eine Schnur auf der Kranzrückseite durch das Weidengeflecht, und hängen Sie den Kranz auf, wo immer Sie mögen. Wir haben ihn z. B. an ein an die Decke montiertes Gestell zum Trocknen von Wäsche gehängt.

4 Das Schöne an dieser vorgefertigten Kranzbasis ist, dass Sie das Pflanzenmaterial einfach in das Weidengeflecht hineinstecken können, ohne es mit Draht oder Band befestigen zu müssen. Der Kranz ist also schnell gemacht und lässt sich bei Bedarf leicht verändern.

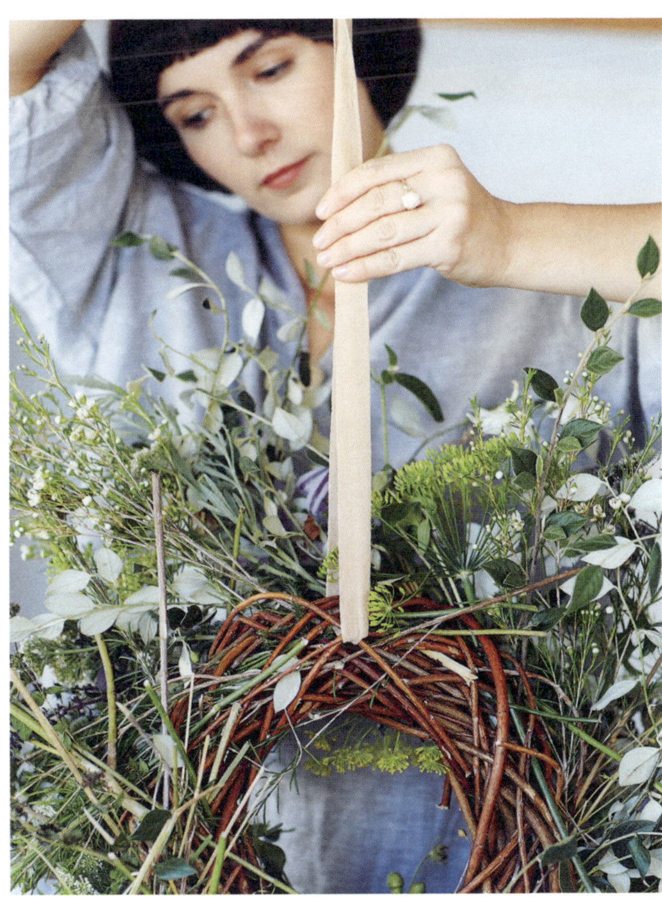

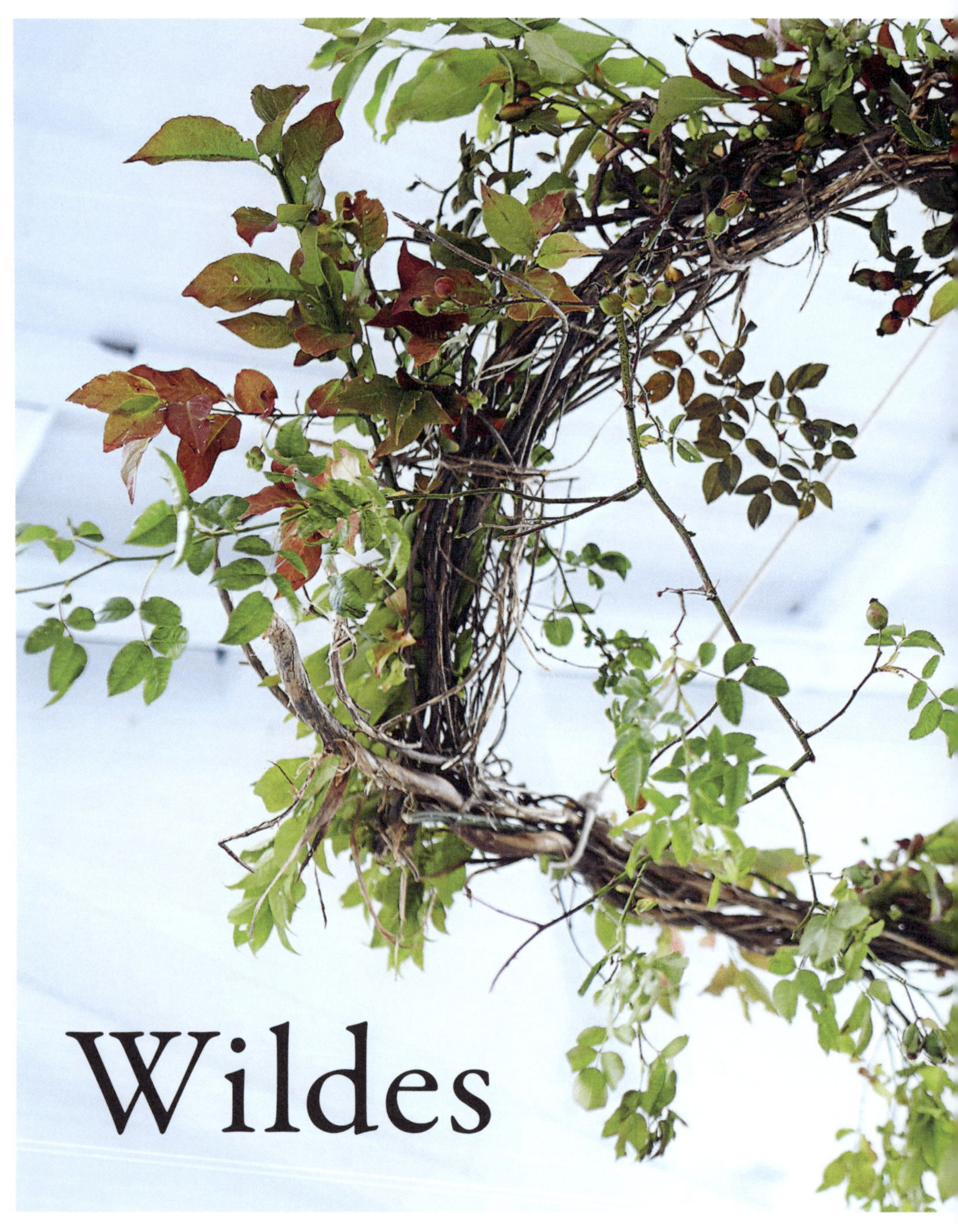

Wildes

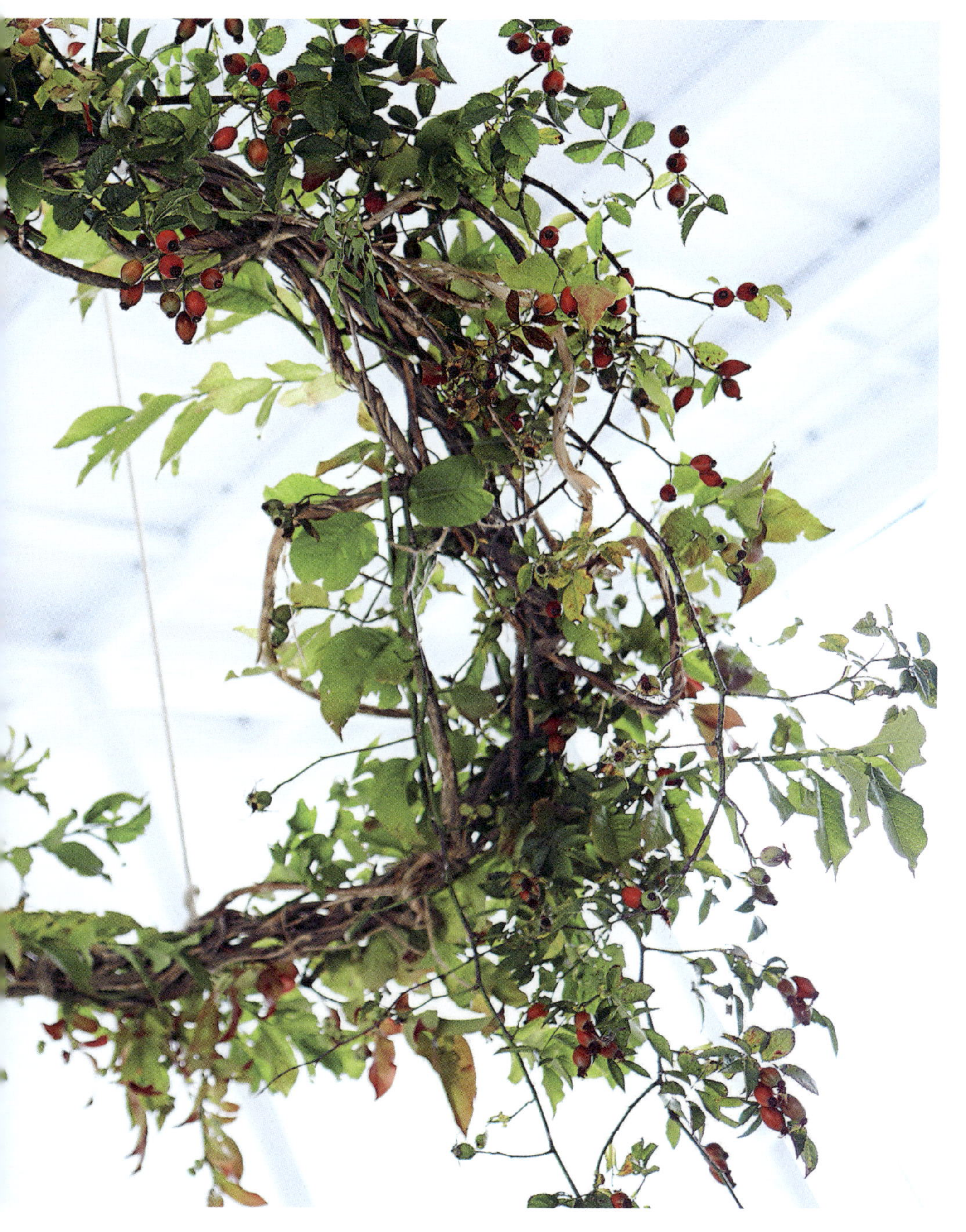

Vier Projekte mit Selbstgepflücktem

Ein kleiner Kranz kann Erinnerungen an einen besonderen Ausflug in die Natur wecken.

Wir finden die Suche nach interessanten Pflanzen in der freien Natur aufregend. Man zieht morgens los, ohne die geringste Ahnung zu haben, was man finden und zu was einen das Gefundene inspirieren wird.

Jede Jahreszeit hat ihre eigenen Schätze zu bieten: Der Winter schenkt uns kahle Äste, die sich zum Basteln von Mobiles eignen, der Frühling duftende Blütenzweige und Unmengen an Wiesenkerbel, der sich in jeder Vase gut ausnimmt, der Sommer leuchtend bunte Wildblumen und der Herbst Kastanien, Eicheln und Tannenzapfen, die es einfach nur einzusammeln gilt.

Für das Sammeln von Pflanzen gibt es einige Vorschriften, an die Sie sich halten sollten. So ist es z. B. verboten, in öffentlichen Parks, auf Grünflächen und aus von der Kommune aufgestellten Pflanzkübeln zu pflücken. Auch Pflanzen, die unter Naturschutz stehen, sind tabu. Informieren Sie sich im Zweifel bei den zuständigen Behörden, ehe Sie losziehen.

Auch unabhängig davon gilt: Achten Sie darauf, weder Wälder noch Wiesen, noch Wildtiere zu schädigen. Reißen Sie niemals ganze Pflanzen aus, denn so können sie an derselben Stelle nicht mehr nachwachsen. Pflücken Sie nur von Arten, deren Bestand gesichert ist, und nur an Stellen, an denen sie in Hülle und Fülle vorkommen. Nehmen Sie immer nur so viel, wie Sie wirklich brauchen, und lassen Sie an jeder Stelle einige Exemplare stehen – für die Bienen und damit keine kahlen Stellen entstehen.

Vorab sollten Sie sich außerdem unbedingt über Giftpflanzen informieren, die in Ihrer Gegend vorkommen könnten. Der Riesenbärenklau z. B. mag auf den ersten Blick harmlos wirken, löst aber bei Berührung starke fototoxische Reaktionen aus. Immer hilfreich ist eine gute Pflanzenbestimmungs-App, die Sie sich aufs Handy laden können. Für das Hantieren mit stacheligen Pflanzen sollten Sie Handschuhe einstecken.

Am besten schneidet man Blumen am frühen Morgen oder Abend, wenn sie „voll im Saft" stehen und wenig Wasser verdunsten, also nicht so schnell die Köpfe hängen lassen. Bei vollständig geöffneten Blüten ist davon auszugehen, dass sie nicht sehr lange halten, und bei vollkommen geschlossenen Knospen besteht die Gefahr, dass sie sich nach dem Schneiden nicht weiter öffnen. Daher sind Blumen mit gut entwickelten Knospen, die kurz vor dem Aufblühen stehen, ideal zum Pflücken. Mit einer Gartenschere lassen sich die Stiele sauber kappen. Das erhöht nicht nur die Haltbarkeit der Blumen in der Vase, sondern fördert auch das Nachwachsen der Mutterpflanze. Nehmen Sie eine Astschere mit, wenn Sie auf der Suche nach Buschwerk sind.

Wir haben auf unseren Streifzügen außerdem immer kleine, mit Wasser gefüllte Flaschen für die Pflanzen dabei, damit sie nicht welken, wenn es auf dem Heimweg zu warm wird. Zuhause angekommen, stellen wir sie, nachdem wir die Stängel schräg angeschnitten haben, sofort wieder ins Wasser, auf dass sie lange halten mögen.

Versuchen Sie für alles offen zu sein, was in einem Arrangement gut aussehen könnte. Es kommt nicht immer auf die schönsten Blüten an. Mit wilden Gräsern und ungewöhnlichen Blüten- und Blattformen lassen sich sehr aparte Akzente setzen. Wir freuen uns immer, wenn wir ein Feld mit blühenden Gräsern entdecken, das uns mit Material für das ganze Jahr versorgt, denn Gräser lassen sich hervorragend trocknen. Feld-, Wald- und Wiesenpflanzen sind jedoch nicht jedermanns Sache: Als wir einmal Kisten voller Hochzeitsblumen in ein Taxi luden, fragte uns der Fahrer, warum wir sein Auto mit Unkraut vollpacken wollten.

Es ist unglaublich, was ein Vormittag in der Natur bewirken kann, nicht nur hinsichtlich des eigenen Wohlbefindens, sondern auch im Hinblick darauf, wie wir unsere unmittelbare Umgebung wahrnehmen. Besorgen Sie sich ein Buch zur Bestimmung von Wildblumen, nehmen Sie es auf Ihre Streifzüge mit, und nutzen Sie die Gelegenheit, auch gleich Ihr botanisches Wissen zu erweitern.

Geometrische Wandinstallation

Gegensätze ziehen sich an.

Kränze sind zwar üblicherweise rund, aber weil wir das Außergewöhnliche lieben, haben wir auch mit anderen Formen herumexperimentiert.

Unser Freund Dale, dessen Werkstatt über unserem Atelier liegt, kam eines Tages mit einem simplen dreieckigen Drahtrahmen an, dessen kreatives Potenzial uns sofort in Begeisterung versetzte. Für dieses Buch hat Dale dankenswerterweise Gestelle nach unseren Wünschen maßgefertigt. Sie bestehen aus dünnen Metallstäben, die zurechtgeschnitten und dann zu Drei- und Vierecken zusammengelötet wurden. Sofern man Zugang zu den erforderlichen Werkzeugen hat, ist das nicht schwierig. Wer keine Lust zum Löten hat, kann selbst gebastelte Holzrahmen aus Zweigen verwenden. Eine Anleitung finden Sie auf Seite 56.

Die minimalistischen Drahtgestelle wirken am besten in der Gruppe; die Formunterschiede kommen so besonders schön zur Geltung. Auch beim Dekorieren gilt: Je schlichter, desto besser. Hängen Sie zunächst die Rahmen auf, und beginnen Sie dann, die Pflanzen zu arrangieren. Probieren Sie so lange herum, bis Sie ein in sich stimmiges Resultat haben. Unter uns gesagt: Die Rahmen sehen sogar ungeschmückt toll aus, was ungeheuer praktisch ist, wenn man einmal keine Zeit für das Anbringen von Blumen hat.

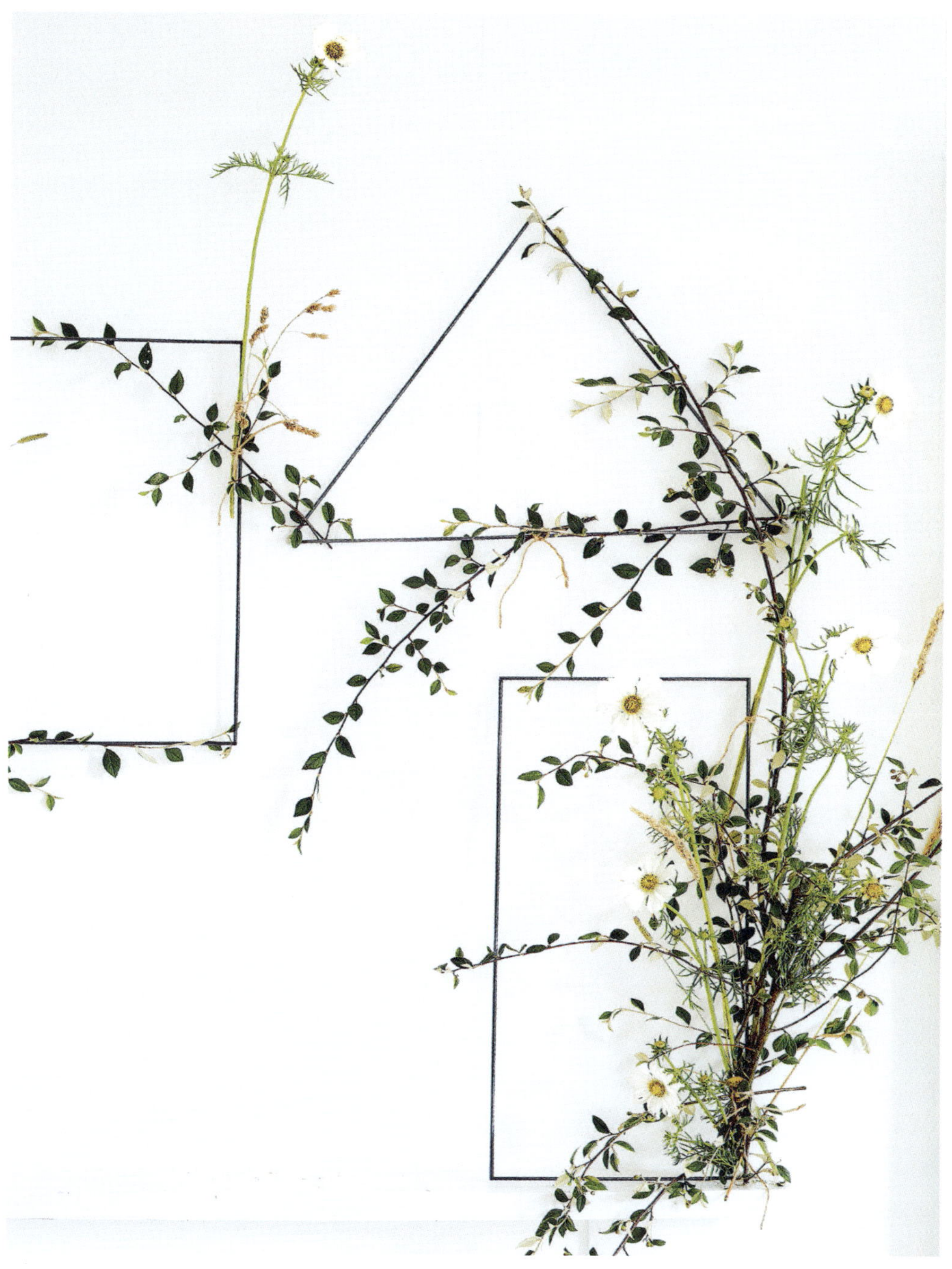

WERKZEUGE UND MATERIALIEN

3 Rahmen: 1 Dreieck (50 cm Seitenlänge), 1 Rechteck (60 × 30 cm) und 1 Quadrat (50 × 50 cm)
3 Bildernägel oder Haken mit Schnur zum Aufhängen der Rahmen an einer Bilderleiste
Floristenschere
ggf. 2 kleine Keramikgefäße
ggf. 2 Blumenigel

PFLANZENMATERIAL

4 getrocknete Grashalme
12 Stängel weiße Kosmeen
30 Zweige Zwergmispel, zwischen 10 und 30 cm lang

1 Entscheiden Sie zunächst, wo Ihre Rahmen hängen sollen. Auf dem Foto von Seite 53 hängen zwei Rahmen an der Wand; der dritte Rahmen ist nur angelehnt. Befestigen Sie die Rahmen mit Nägeln, oder hängen Sie sie, falls vorhanden, an einer Bilderleiste auf.

2 Binden Sie zunächst die kürzeren, dann die längeren Mispelzweige mit Schnur an die Rahmen. Mit ihren bizarren Verzweigungen eignet sich die Zwergmispel perfekt für dieses Projekt. Belassen Sie es bei ein paar wenigen Zweigen, damit die schönen Rahmen sichtbar bleiben.

3 Fügen Sie die Kosmeen hinzu, und binden Sie jeden Stängel einzeln mit Schnur am Rahmen fest. Kosmeen sind zarte Schönheiten, die sich gut als Hauptdarstellerinnen in diesem Ensemble eignen. Sie können damit wunderbar optische Akzente setzen. Jeder Rahmen sollte mindestens eine Blüte bekommen – begleitet von ein oder zwei Grashalmen, die ihre Wirkung unterstreichen.

4 Bleibt am Ende Pflanzenmaterial übrig, können Sie daraus kleine Gestecke fertigen, die, vor den Rahmen platziert, das Triptychon perfekt ergänzen.

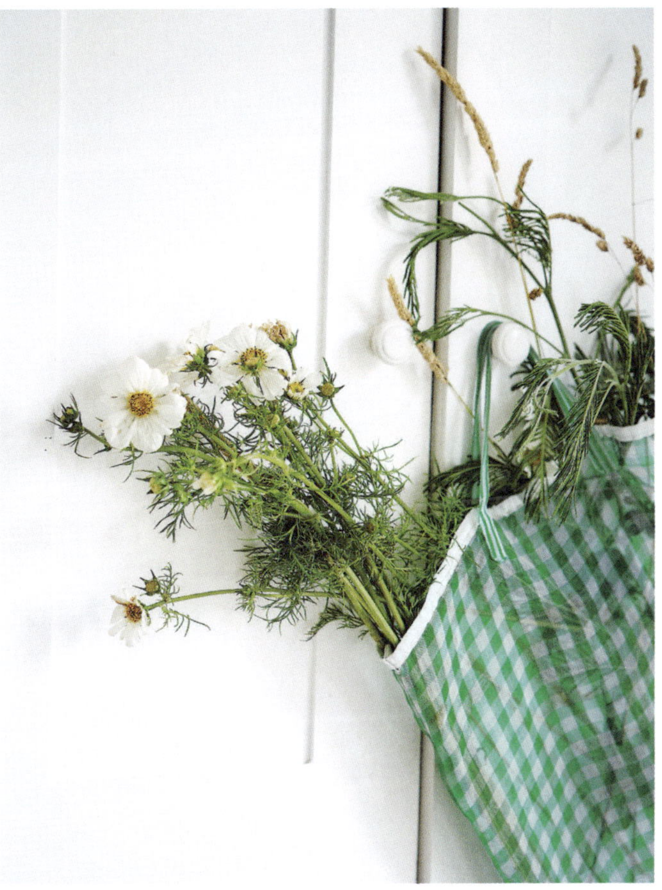

TIPPS

* Bei diesem Projekt ist Klarheit die Maxime: Es werden nur drei verschiedene Pflanzenarten verwendet. So ist gewährleistet, dass die schlichte Schönheit der Rahmen voll zur Geltung kommt.

* Bei zu üppiger Bestückung lassen sich die Rahmen womöglich nicht mehr flach an die Wand hängen. Halten Sie den Schmuck daher schlicht und einfach.

* Für dauerhaftere Installationen verwenden Sie, wie immer, Pflanzen, die auch getrocknet schön aussehen.

WERKZEUGE UND MATERIALIEN

Genügend Zweige, um die Rahmen von Seite 54 nachzubauen (Abmessungen: siehe dort)
11 Steckdrähte
Drahtschere

TIPP

* Noch urwüchsiger wirken die Rahmen, wenn Sie Zweige mit kleinen Seitenzweigen verwenden.

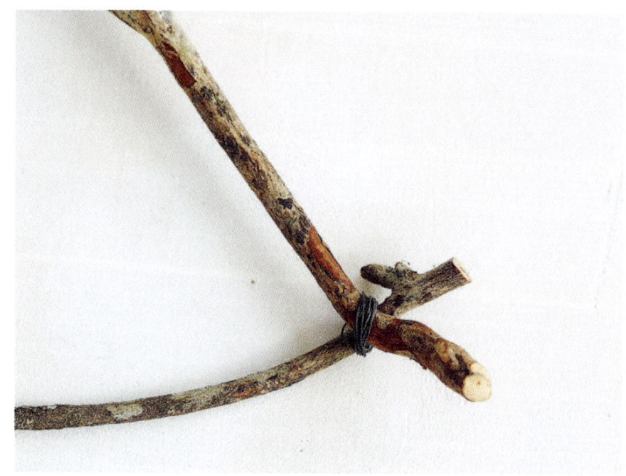

Anleitung für einen Rahmen aus Zweigen

1 Wählen Sie genügend Zweige, die Sie z. B. bei einem Spaziergang oder im Garten aufgesammelt haben, für die gewünschte Anzahl der Rahmen aus. Verwenden Sie zum Schutz der Bäume stets nur herabgefallenes Holz – es ist in der Regel ohnehin trockener und lässt sich besser verarbeiten als frisches. Achten Sie bei der Auswahl auf Stellen, an denen die Rinde abgeplatzt ist, und überlegen Sie, ob und gegebenenfalls wie Sie diese in Ihr Design einbeziehen wollen.

2 Wählen Sie Zweige in der passenden Länge für die erste Form aus. Beachten Sie dabei, dass sich die Enden leicht überlappen müssen. Legen Sie zwei Zweige übereinander, und wickeln Sie etwa 1,5 cm von den Enden entfernt einen Steckdraht um den Kreuzungspunkt.

3 Wickeln Sie den Draht so oft um das Holz, bis die Verbindung stabil ist. Zum Schluss die beiden Drahtenden miteinander verdrillen und zwischen die Zweige stecken, sodass sie nicht abstehen und man sich nicht daran verletzen kann. Überschüssigen Draht mit der Drahtschere abschneiden.

4 Setzen Sie weitere Aststücke an, bis der Rahmen komplett ist. Alle Teilstücke sollten stabil miteinander verdrahtet sein. Die anderen beiden Rahmen auf die gleiche Weise herstellen.

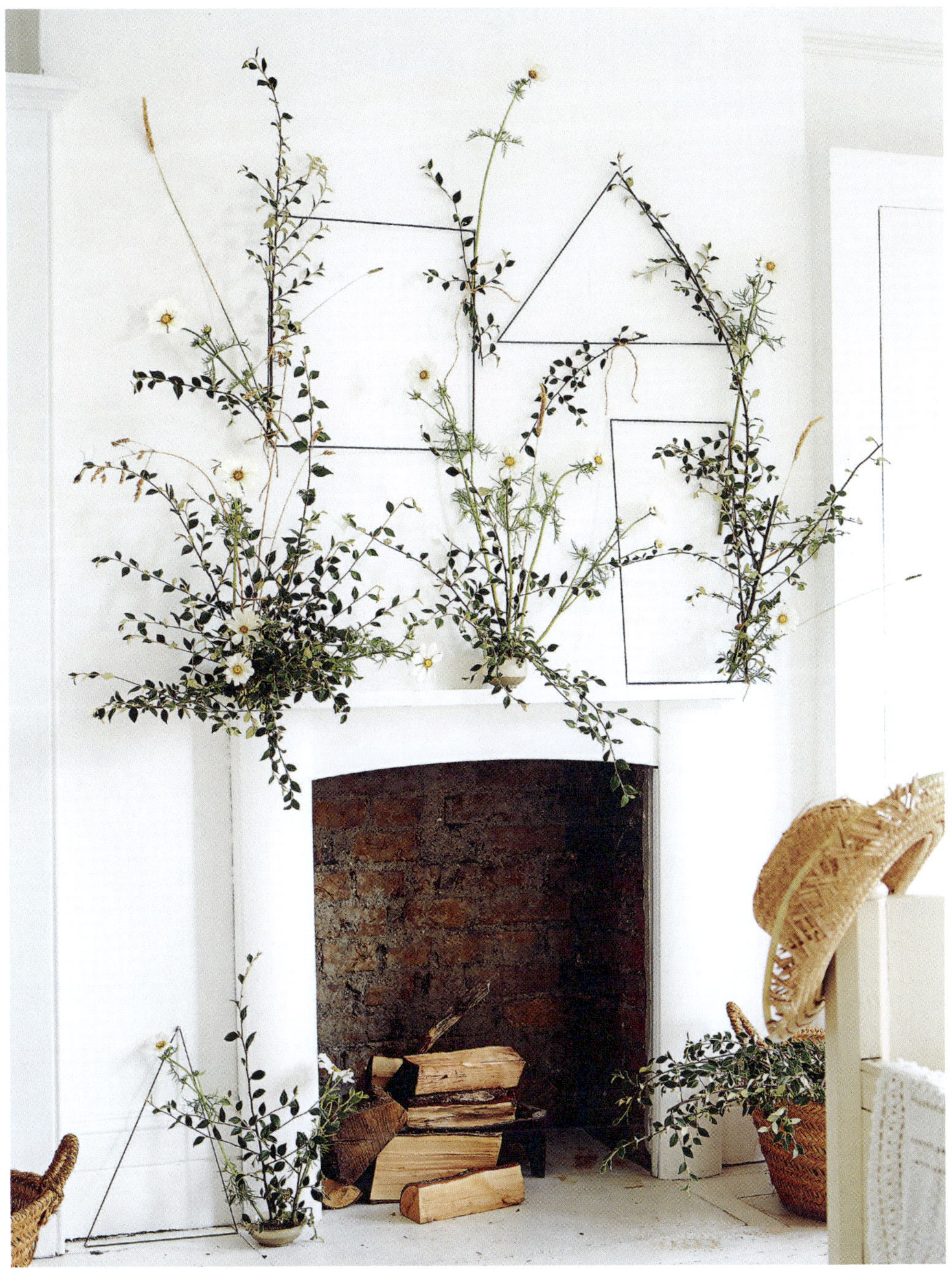

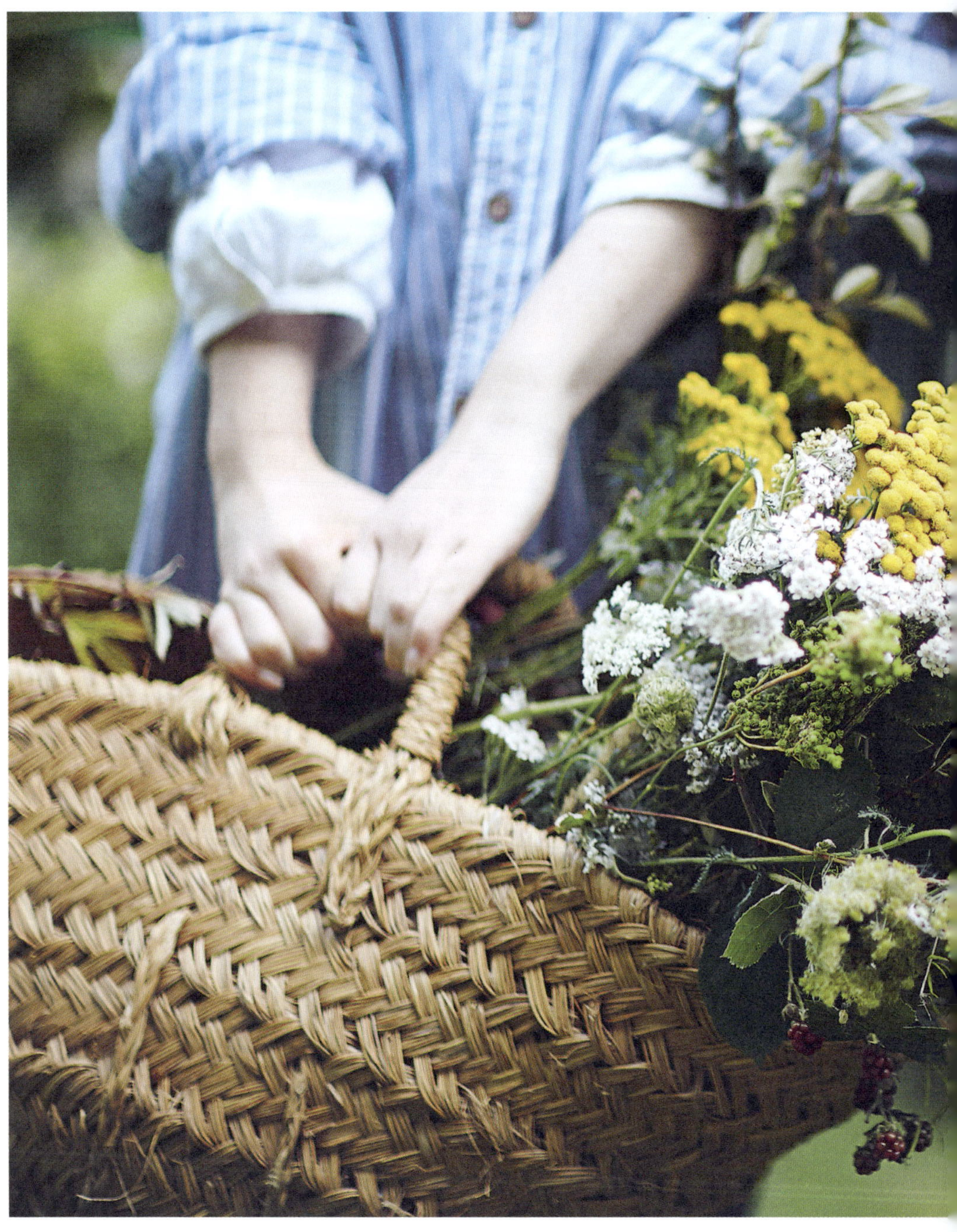

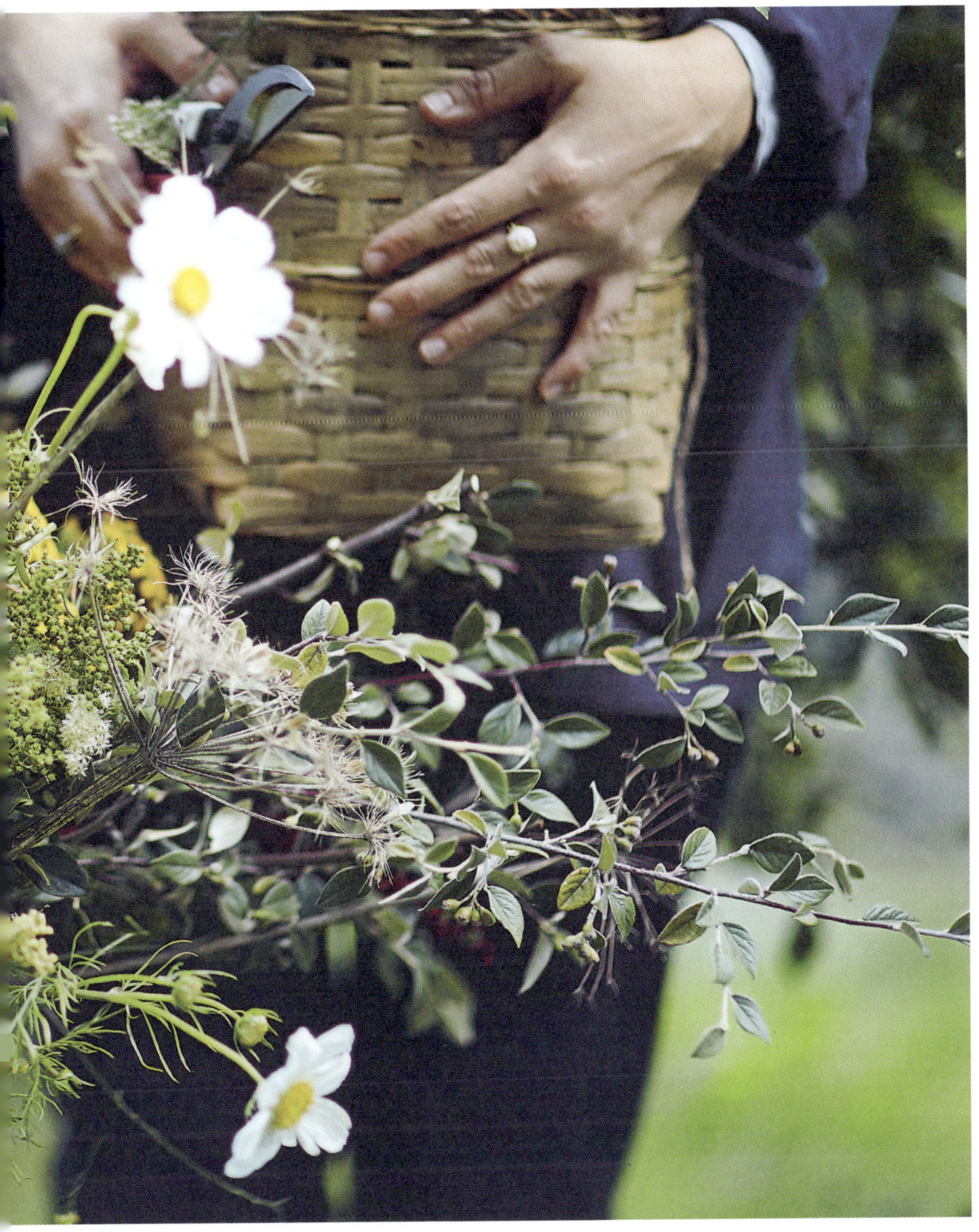

Spiegelschmuck

Eine Girlande aus duftenden Kräutern

Dieser Spiegelschmuck ist im Prinzip eine Girlande aus aneinandergereihten Duftkräutern. Sobald Sie die Wickelmethode beherrschen, können Sie Girlanden beliebiger Länge für Fensterrahmen und Geländer fertigen.

In Irland, wo wir aufgewachsen sind, ist es üblich, Spiegel und Bilderrahmen zur Weihnachtszeit mit Stechpalmenzweigen oder Efeu und zum St. Patrick's Day mit Kleeblättern zu schmücken. Die Girlande, die wir hier kreiert haben, lässt sich dank ihrer zeitlosen Schönheit vielfältig verwenden, egal, ob Sie ein Fest feiern oder einfach nur den Raum schmücken wollen. Sie eignet sich z. B. hervorragend zum Bekränzen eines Bad- oder Flurspiegels, vor allem, wenn Sie dafür duftende Kräuter und üppiges Grün verwenden, die auch nach dem Trocknen noch gut aussehen und den Raum weiterhin mit ihren Düften erfüllen.

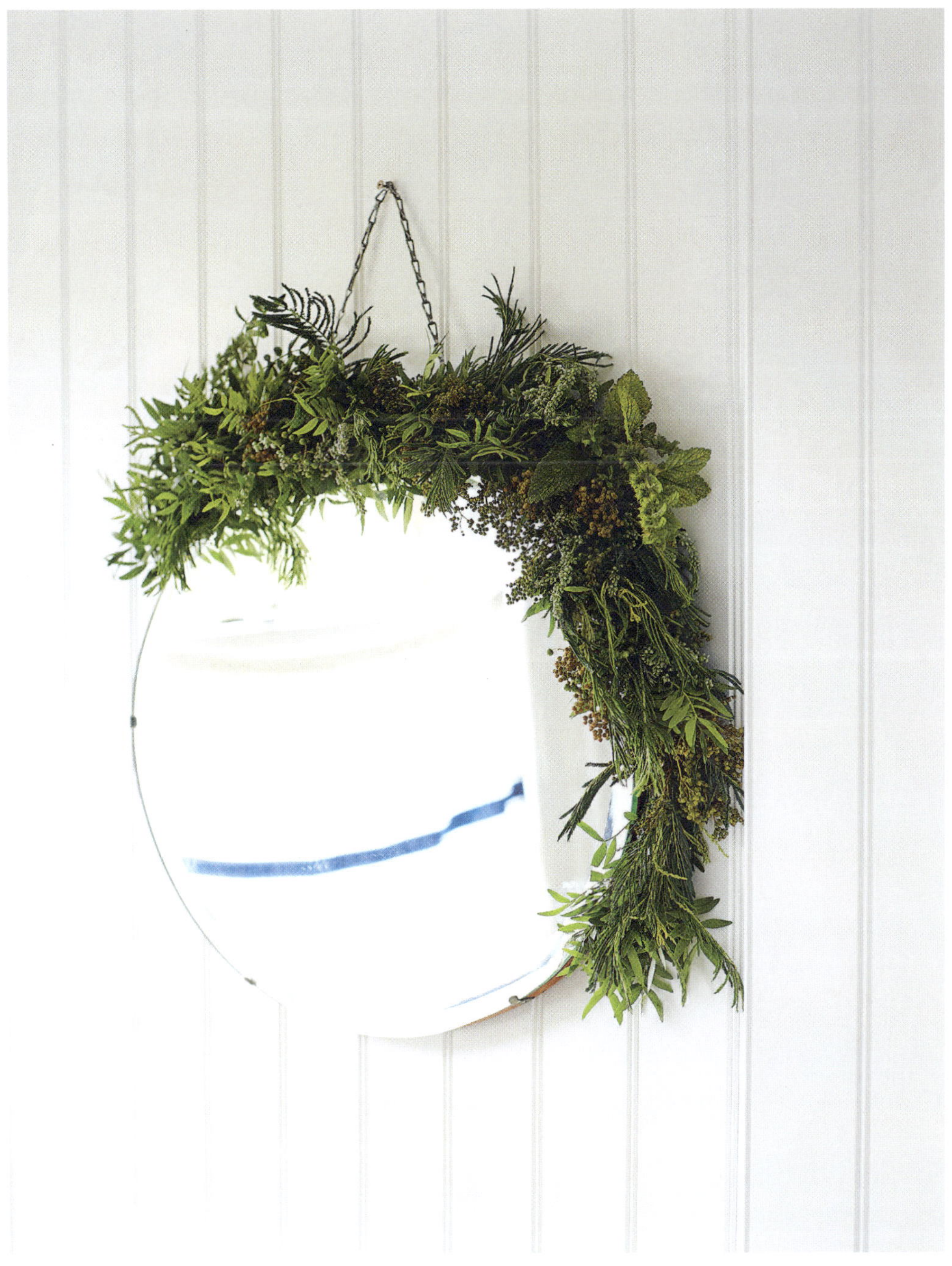

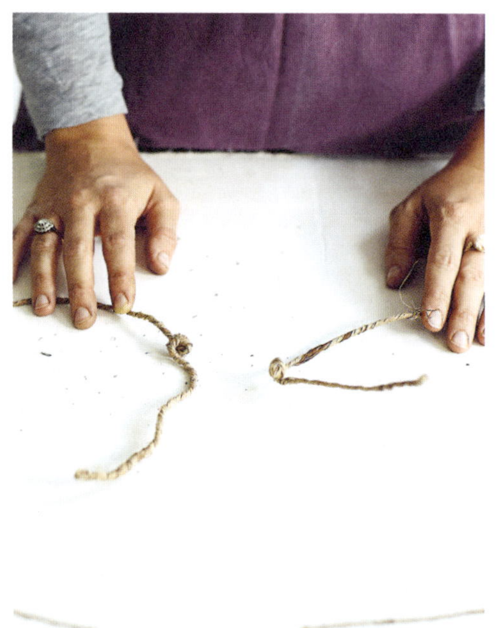
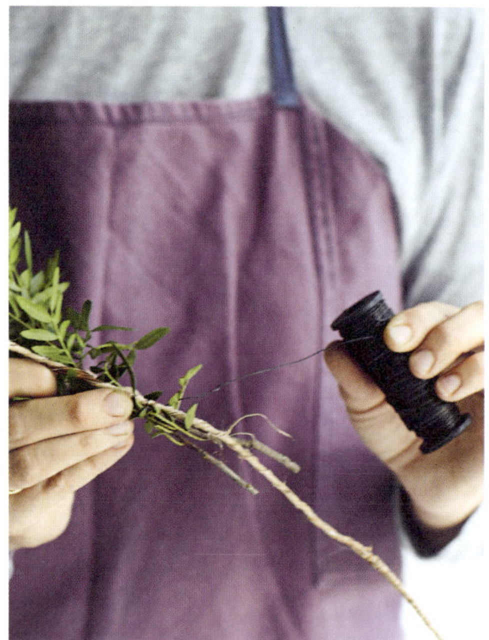
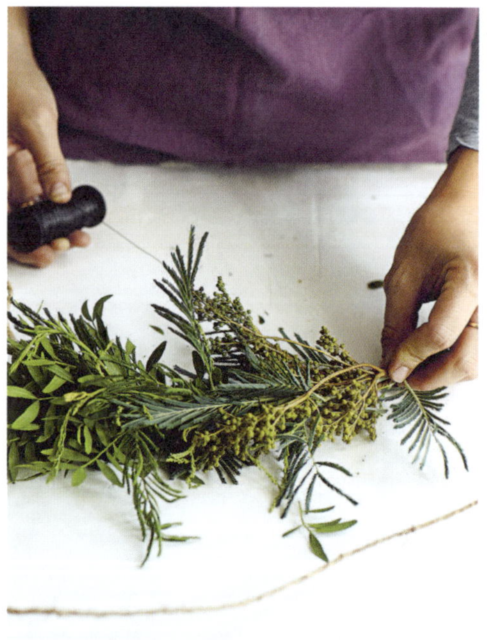
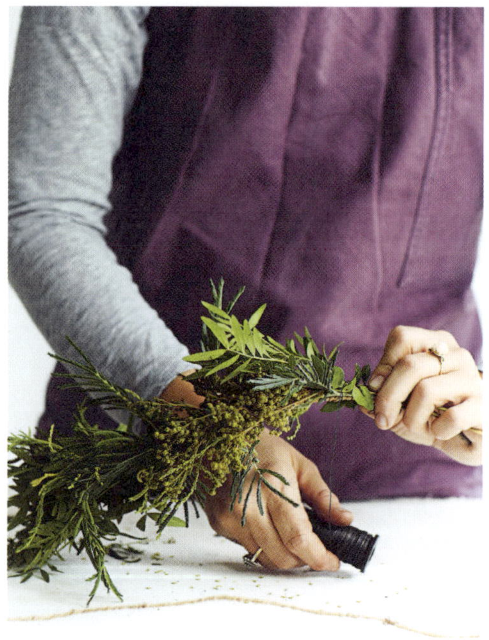

WERKZEUGE UND MATERIALIEN

Floristenschere
1 runder Spiegel, ø etwa 60 cm
Drahtschere
Ummantelter Draht, 5 cm länger als der Spiegelumfang
Blumendraht

PFLANZENMATERIAL

5 Stängel Lavendelgrün
5 Stängel Mimosengrün
10 Stängel Pistaziengrün
5 Stängel Rosmarin
5 Stängel Salbei

1 Schneiden Sie alle Zweige auf eine Länge von etwa 20 cm. Messen Sie den Umfang des Rahmens, für den die Girlande gedacht ist, und schneiden Sie den ummantelten Draht mit einer Drahtschere auf die gemessene Länge plus etwa 5 cm Zugabe zum Verdrillen der Enden zu.

2 Legen Sie einen Zweig an den ummantelten Draht, fixieren Sie das Ende mit Blumendraht, und wickeln Sie diesen etwa 3 cm breit fest um den Stängel.

3 Fassen Sie zwei oder drei Stängel Blattgrün zu einem kleinen Bündel zusammen, legen Sie das Bündel so über das untere Ende des ersten Zweigs, dass es dessen Stielenden verdeckt, und umwickeln Sie es ein- bis zweimal mit Blumendraht. Den Draht so straff wie möglich ziehen.

4 Fahren Sie auf diese Weise fort, und wechseln Sie dabei zwischen den verschiedenen Arten Blattgrün ab, sodass sich die unterschiedlichen Blattstrukturen und Grüntöne gleichmäßig über die gesamte Girlande verteilen. Soll die Girlande kompakter werden, schichten Sie die Bündel dichter übereinander oder legen sie in Gruppen nebeneinander. Das Blattgrün sollte ausreichen, um etwa die Hälfte des Spiegelumfangs zu bekränzen.

5 Legen Sie zum Ende hin sukzessive kleinere Blattbündel an, sodass sich die Girlande auf natürliche Weise verjüngt. Das letzte Stück Draht wird kaum auffallen.

6 Sobald Sie das letzte Bündel hinzugefügt haben, schneiden Sie den Blumendraht ab und fixieren ihn am letzten Stängel. Die Girlande um den Spiegel legen, beide Enden des ummantelten Drahts auf der Rückseite zusammenführen und so fest verdrillen, dass die Girlande nicht herunterfallen kann. Überflüssigen Draht mit der Drahtschere abschneiden.

TIPPS

* Für eine größere Girlande bieten sich Blätter exotischer Pflanzen an, z. B. Palmblätter.

* Das Hantieren mit Blumendraht strapaziert die Hände – insbesondere die Fingerkuppen. Florist:innen wissen ein Lied davon zu singen. Dagegen helfen nur Gartenhandschuhe oder eine gute Handcreme, die nach getaner Arbeit Schmerzen lindert und geschundene Hände pflegt.

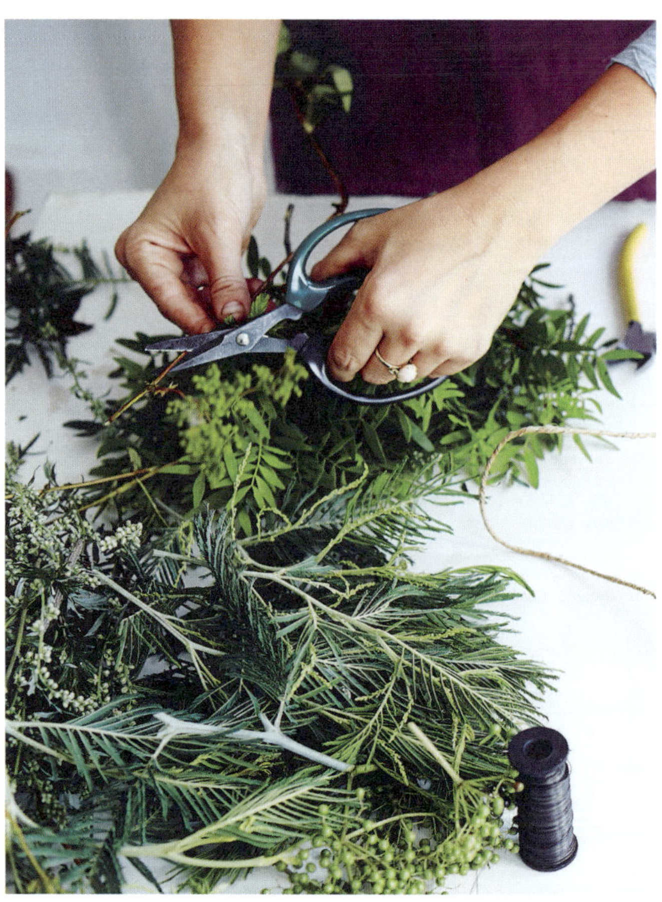

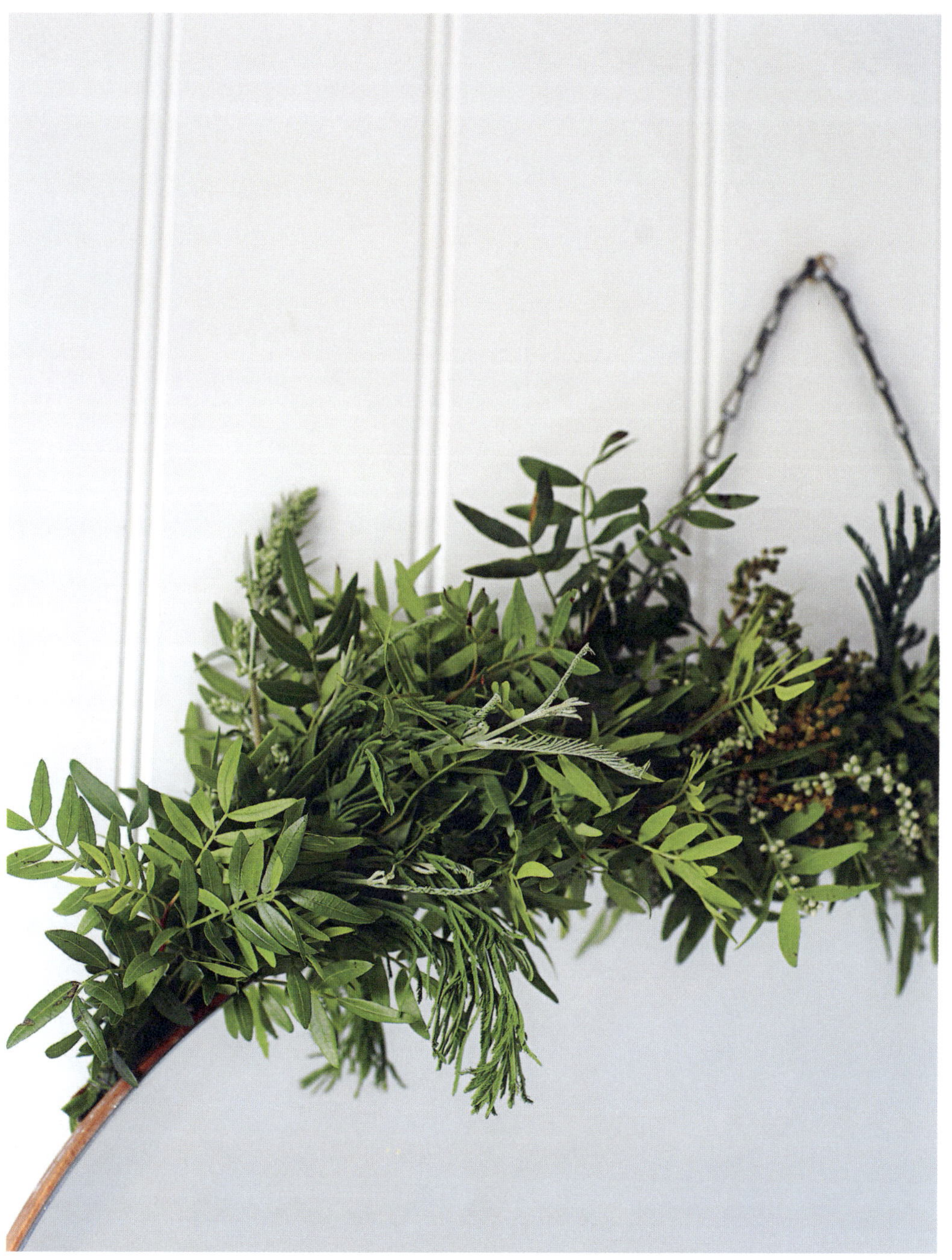

Spätsommer-Highlight

Des Sommers letzte Rose

Diesen imposanten Kranz aus einer knorrigen Weinrebe haben wir für ein Spätsommeressen im Freundeskreis kreiert. Zu dieser Zeit sind alle aus dem Urlaub zurück, die Nächte werden kühler, und auf der Suche nach Wärme und Gemütlichkeit ziehen wir uns langsam, aber sicher wieder in unsere Wohnungen oder Häuser zurück. In diesen Wochen macht man auf Spaziergängen noch wunderbare Entdeckungen: Spätsommerblumen wie Herbstanemonen stehen in voller Blüte, und hie und da erspäht man die ersten Vorboten des Herbsts, z. B. Zieräpfel und Hagebutten.

Bei einem Streifzug entlang eines Kanals stießen wir auf einen Busch voller Hagebutten, und sofort war klar, dass sie perfekt zu unserem Kranz passten. Wie leuchtend rote Tropfen lugen sie zwischen dem wild wuchernden Blattwerk hervor, das aussieht, als hätten wir es gerade erst hereingeholt.

Schwebende Kränze sind ein beeindruckender Schmuck für fast jede Art von Räumlichkeit. Wir überraschen unsere Gäste gerne mit solchen Kreationen, die unaufdringlich eine festliche Atmosphäre schaffen. Ein weiterer Vorteil: Die Tafel bleibt frei, sodass mehr Platz für Speisen und Getränke zur Verfügung steht.

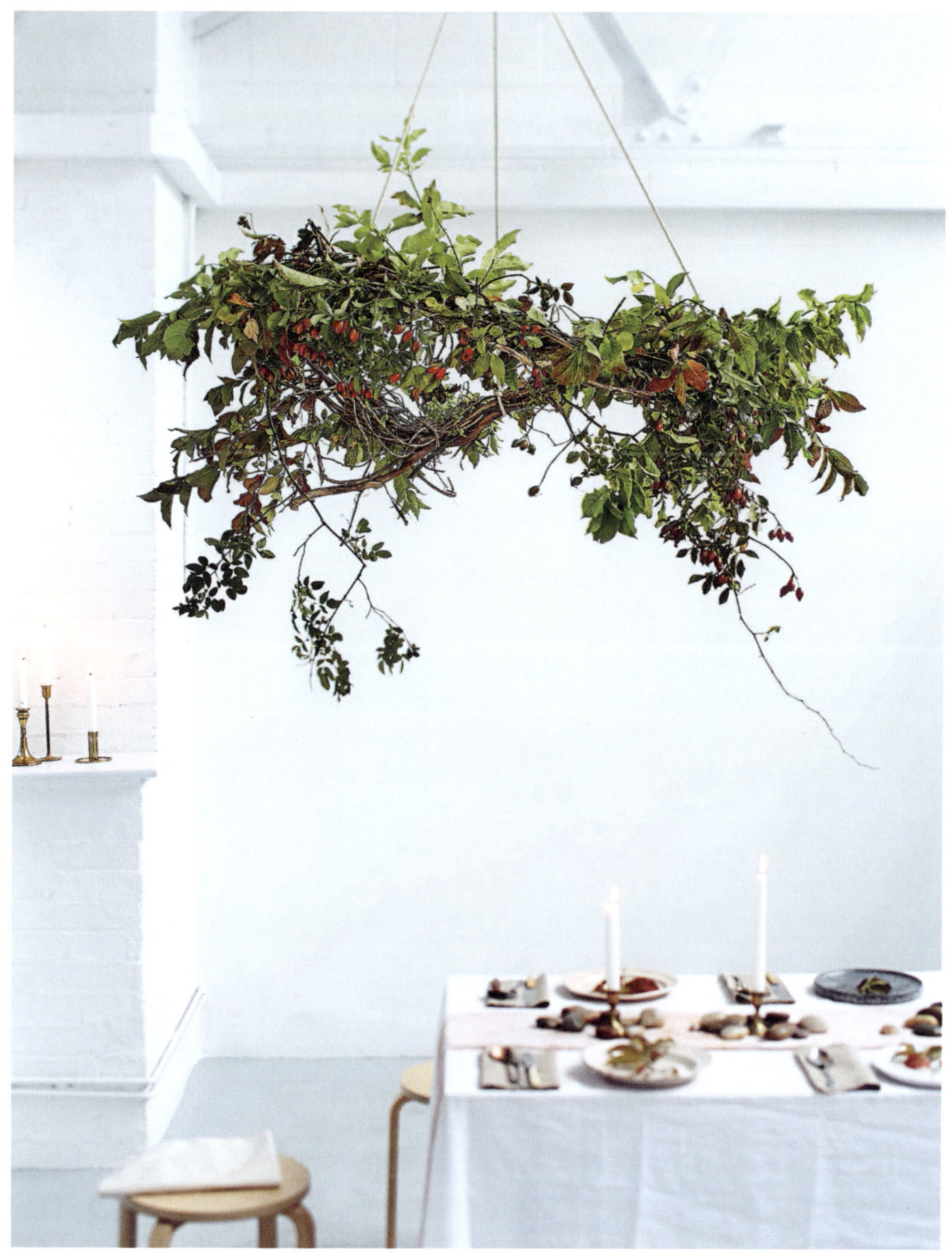

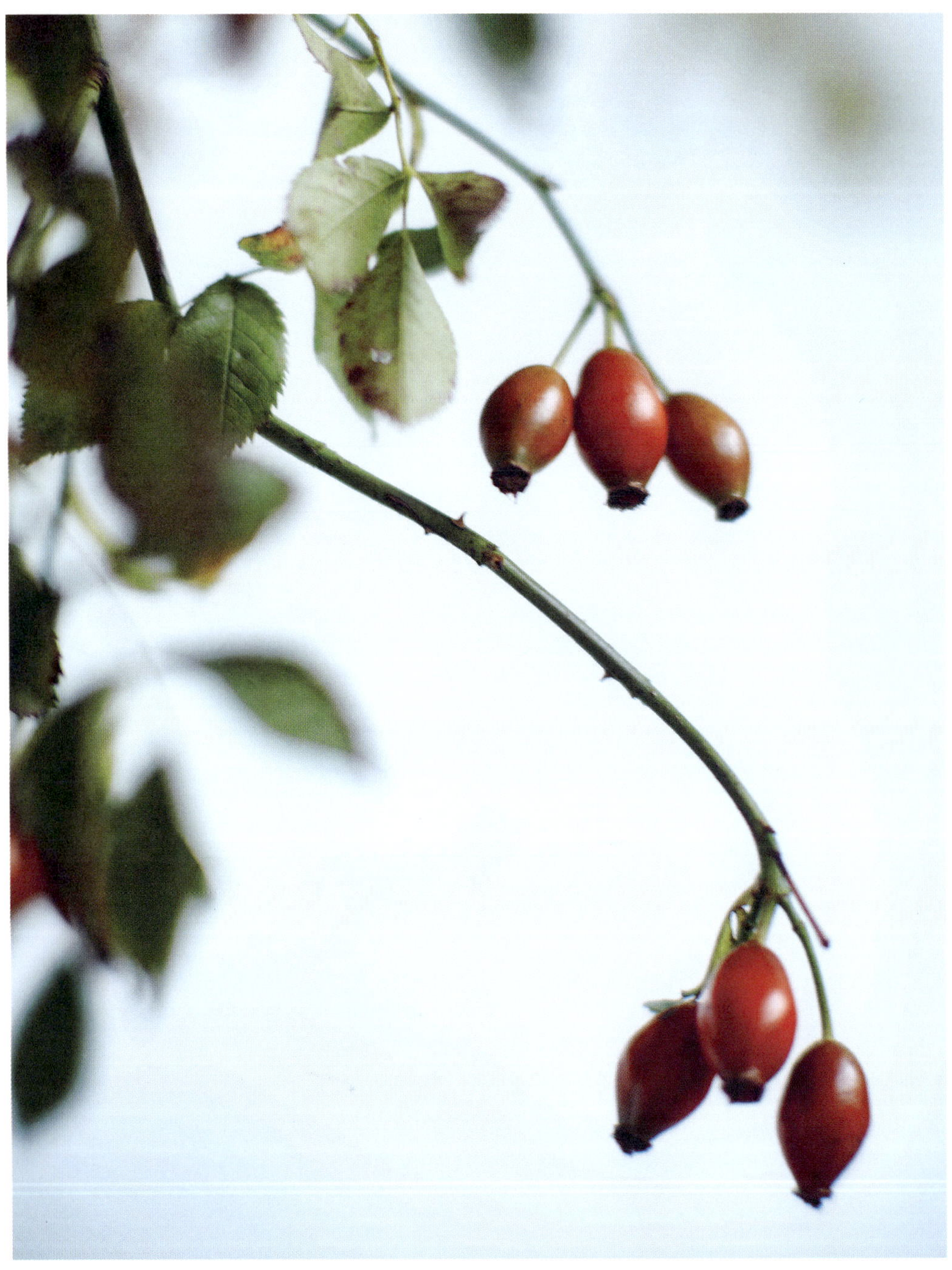

WERKZEUGE UND MATERIALIEN

Schnur
Astschere
3 Naturseile zum Aufhängen, ø 7 mm, je 1 m lang
1 Schraubhaken mit Dübel, wenn keine Deckenbalken vorhanden sind

PFLANZENMATERIAL

Weinreben für das Kranzgerüst, 2 m lang
4 lange Rosenzweige mit viel Laub und Hagebutten

1 Fertigen Sie aus den Weinreben ein einfaches Kranzgerüst (siehe S. 20), und hängen Sie den Kranz auf. Das geht vor dem Einflechten der Rosenzweige viel einfacher als danach. Knoten Sie die drei Seile in gleichmäßigem Abstand zueinander an der Kranzbasis fest, und schrauben Sie bei Bedarf einen Haken in die Decke. Die Seile so daran befestigen, dass der Kranz waagerecht hängt.

Er sieht übrigens auch im Freien wunderschön aus: Hängen Sie ihn einfach über einen Ast, sodass er frei über einem Tisch oder der Picknickdecke schwebt.

2 Sobald der Kranz aufgehängt und ausbalanciert ist, können Sie mit dem Einflechten und Festbinden der Hagebuttenstängel beginnen. Das Geflecht sollte locker und natürlich aussehen, weshalb ruhig ein paar Zweige nach unten hängen dürfen.

3 Treten Sie während der Arbeit immer wieder einmal ein paar Schritte zurück, und betrachten Sie Ihr Werk von allen Seiten. Haben Sie genug Grün hinzugefügt?

Dann überprüfen Sie, ob der Kranz noch gerade hängt. Ist er aus dem Gleichgewicht geraten, müssen Sie eventuell die Deckenseile nachjustieren oder auf der leichteren Seite mehr Grün hinzufügen, bis er sich von selbst wieder ausbalanciert.

TIPPS

* Wenn Platz genug ist, können Sie auch die Tafel mit ein paar Hagebuttenzweigen schmücken.

* Schützen Sie Ihre Hände bei der Verarbeitung stacheliger oder dorniger Pflanzen mit Gartenhandschuhen.

Damenkränzchen *Wildromantisches fürs Gästezimmer*

Dieser Kranz ist elegant, aber nicht kostspielig. Erhält er einen festen Platz an der Wand, kann er dort dauerhaft bleiben und den Jahreszeiten entsprechend mit allem geschmückt werden, was Mutter Natur zu bieten hat und was eine Zeitlang hält.

Blattwerk von Pistazie, Mäusedorn und Mimose ist ideal für dieses Projekt, da es auch ohne Wassergaben die Form behält. Kleinblättriges Laub mit verholzten Stängeln, die von sich aus eine gewisse Struktur mitbringen, ist eine gute Wahl. Die Devise lautet: Lieber wildromantisch als geordnet und lieber abwechslungsreich als zu einheitlich.

Kupferringe wie derjenige, den wir hier verwendet haben, sind in unterschiedlichen Größen erhältlich. Ein großer Ring mit frischem, romantischem Grün eignet sich hervorragend als Dekoration für eine Sommerhochzeit; ein kleiner Kranz passt besser ins Gäste- oder Schlafzimmer. Wir fanden den edel schimmernden Rahmen zu attraktiv, um ihn vollständig abzudecken, und haben deshalb einen Teil frei gelassen.

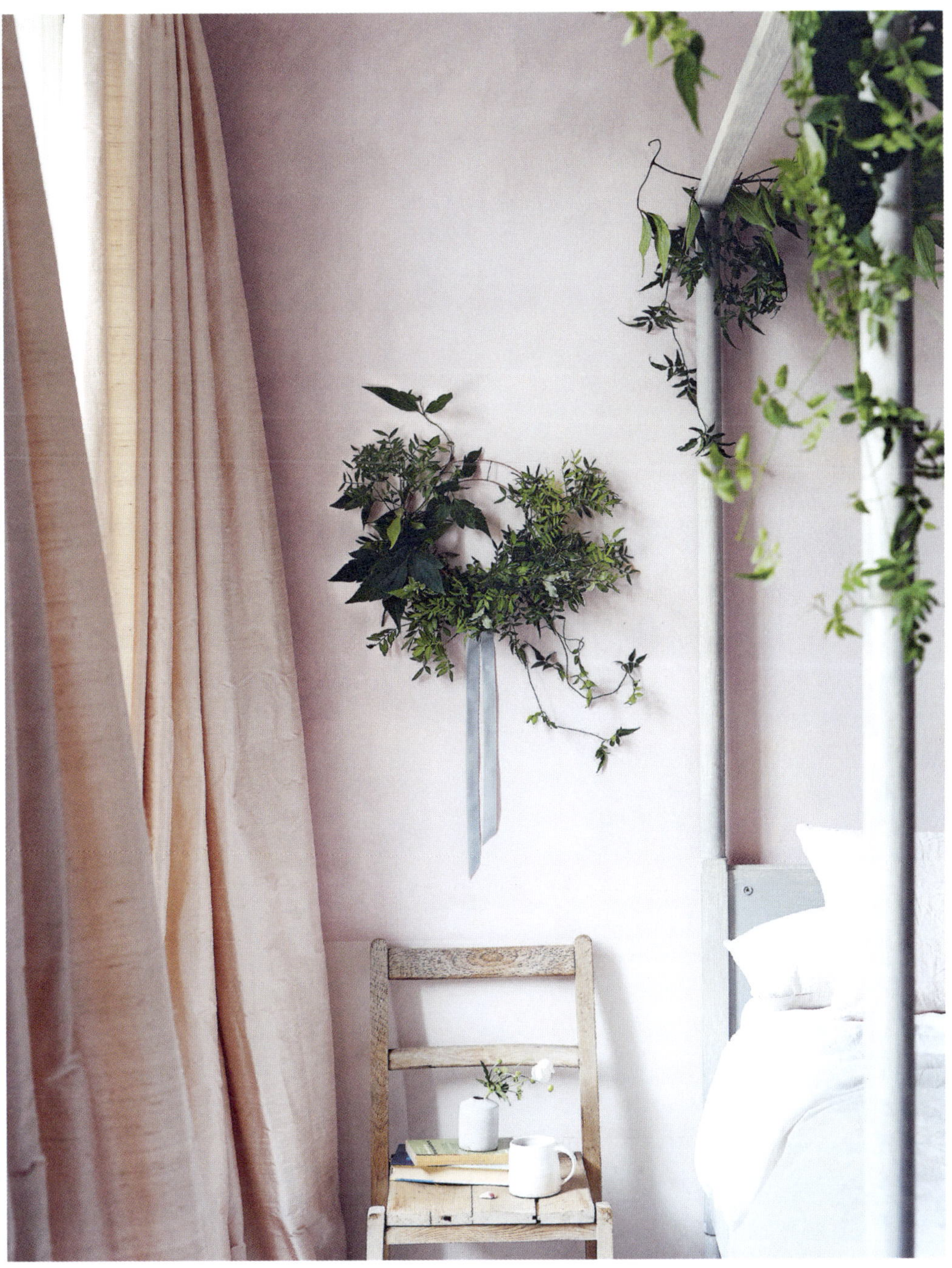

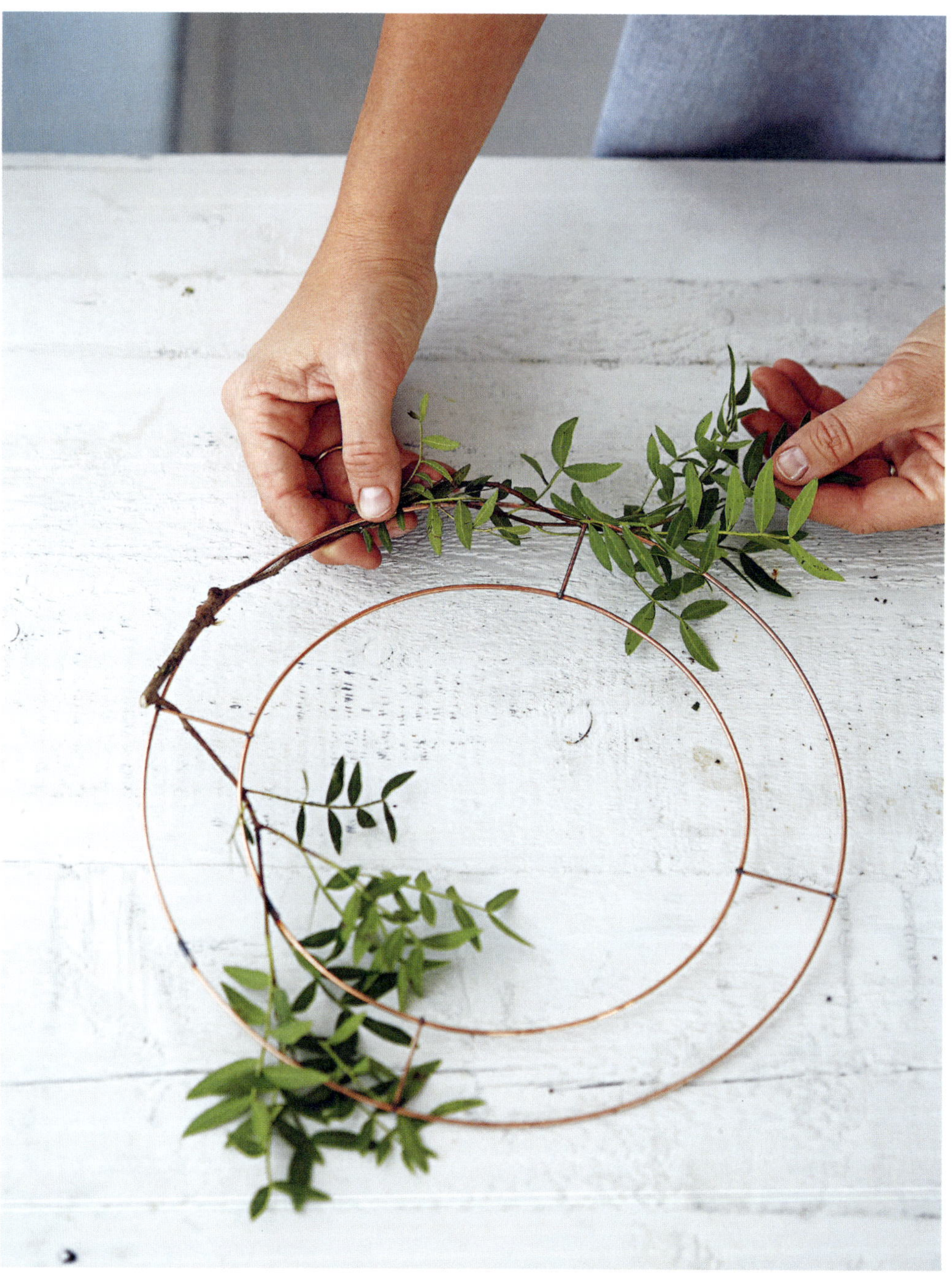

WERKZEUGE UND MATERIALIEN

Drahtschere
Blumendraht
Floristenschere
1 Kupferrahmen, ø 30 cm
Zierband, 50 cm lang
ggf. Schnur zum Aufhängen
ggf. Haken oder Nagel

PFLANZENMATERIAL

1 Zweig frisches Clematislaub
2 Zweige Jasmin
6 Pistazienzweige
2 Zweige schmalblättriger Klebsame

1 Legen Sie alle Materialien bereit. Schneiden Sie vom Draht mit der Drahtschere etwa zehn 3 cm lange Stücke ab. Je dünner der Draht, desto weniger Laub benötigen Sie, um ihn zu kaschieren. Legen Sie ein paar längere Zweige für später beiseite, und schneiden Sie die restlichen Zweige auf etwa 18 cm Länge. Kürzere Stängel können Sie zum Auffüllen verwenden (siehe Schritt 3).

2 Winden Sie die verholzten Stiele Ihrer Zweige im Uhrzeigersinn um den äußeren Ring des Rahmens. Stielenden und Kupferring jeweils mit Bindedraht umwickeln, um die Zweige zu fixieren. Einen weiteren Zweig so auflegen, dass die Wicklung kaschiert ist, und weiter unten am Rahmen befestigen.

3 Achten Sie beim Hinzufügen von Zweigen darauf, dass sie vom Wuchs her der Kreisform des Rahmens folgen oder sich entsprechend biegen lassen. Auch am inneren Ring können Sie ein paar kleinere Zweige befestigen. Damit die Kranzform erhalten bleibt, sollten sie das Loch in der Mitte frei lassen.

4 Wenn Sie am unteren Ende des Rings angelangt sind, schmücken Sie die andere Seite durch Anlegen des Blattwerks gegen den Uhrzeigersinn. Bei diesem Kranz haben wir die Clematiszweige relativ weit oben gruppiert, um einen kräftigen asymmetrischen Schwerpunkt zu setzen. Unten in der Mitte, wo Stängel aus beiden Richtungen zusammentreffen, entsteht ein dichtes Geflecht, in das sich kleinere Zweige leicht einstecken lassen. Befestigen Sie jedes Zweiglein trotzdem mit einem Stück Draht, damit nichts herausfällt, wenn der Kranz an der Wand hängt. Zum Schluss ein paar lange Ranken einflechten, um flüssige Übergänge zu erzielen.

5 Führen Sie am unteren Ende des Kranzes ein Band durch den äußeren Rahmenring, und lassen Sie es als zusätzlichen Schmuck einfach herunterhängen. Sie können den Kranz entweder direkt oder mit einem Band oder einer Schnur versehen an die Wand hängen.

TIPPS

* Um den Kranz jahreszeitengemäß zu schmücken, können Sie im Frühling Blüten, im Sommer fruchttragende Himbeer- oder Brombeerranken, im Herbst Eicheln oder Kastanien und im Winter Tannenzapfen einarbeiten.

* Mit locker arrangiertem Blattschmuck wirkt ein Kupferring besonders elegant, doch in der Floristik ist er die klassische Basis für einen üppigen Kranz aus frischem Moos.

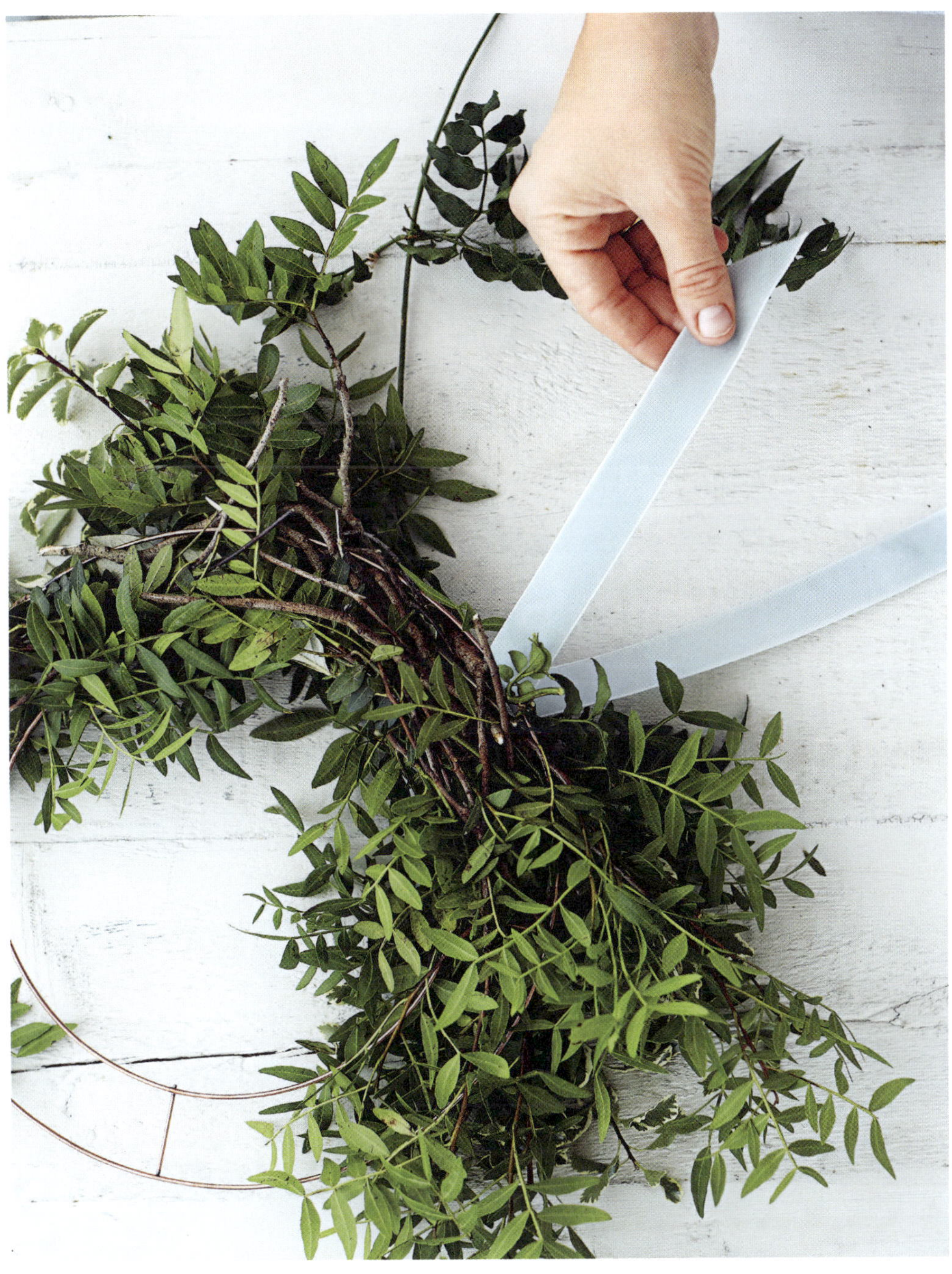

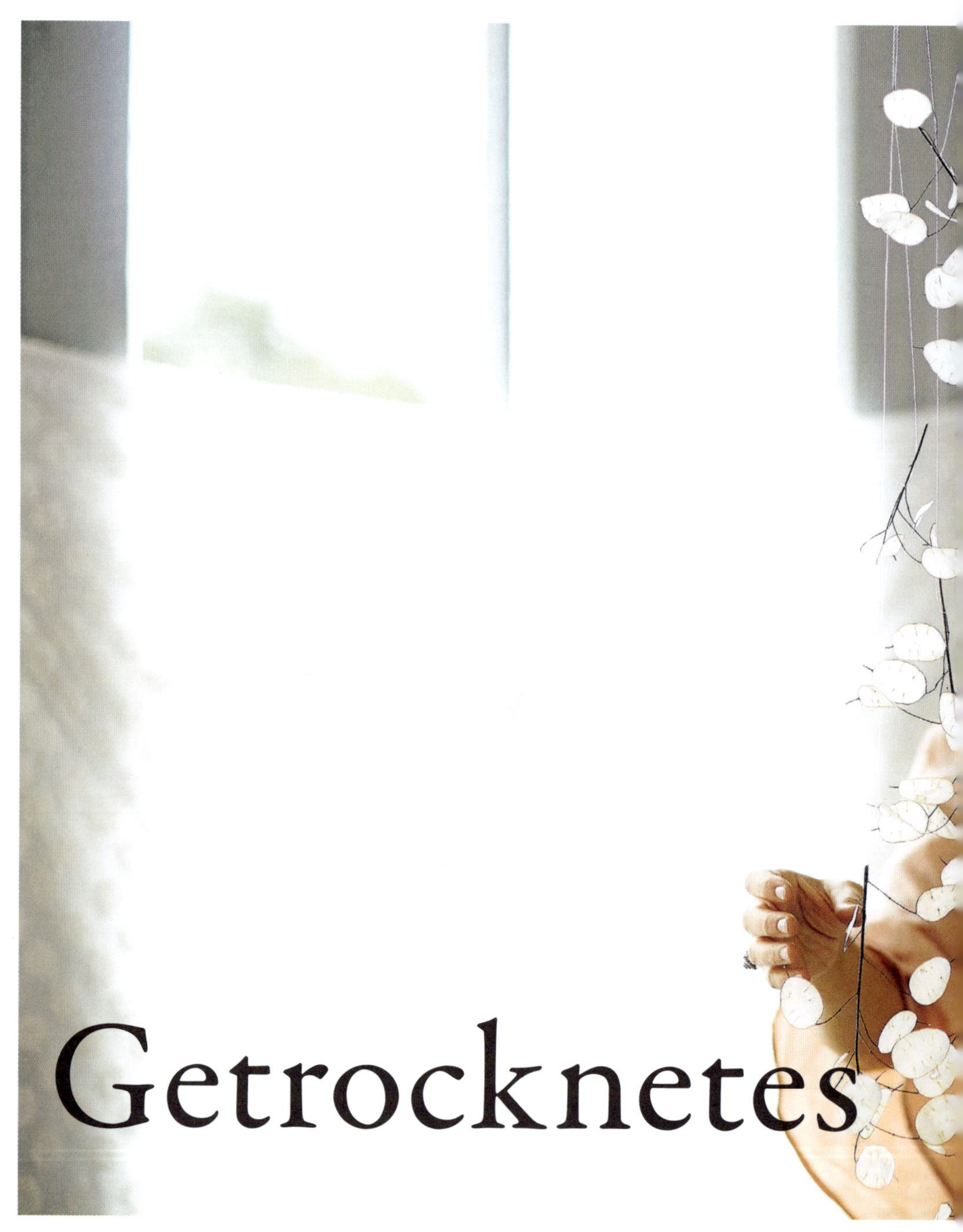

Getrocknetes

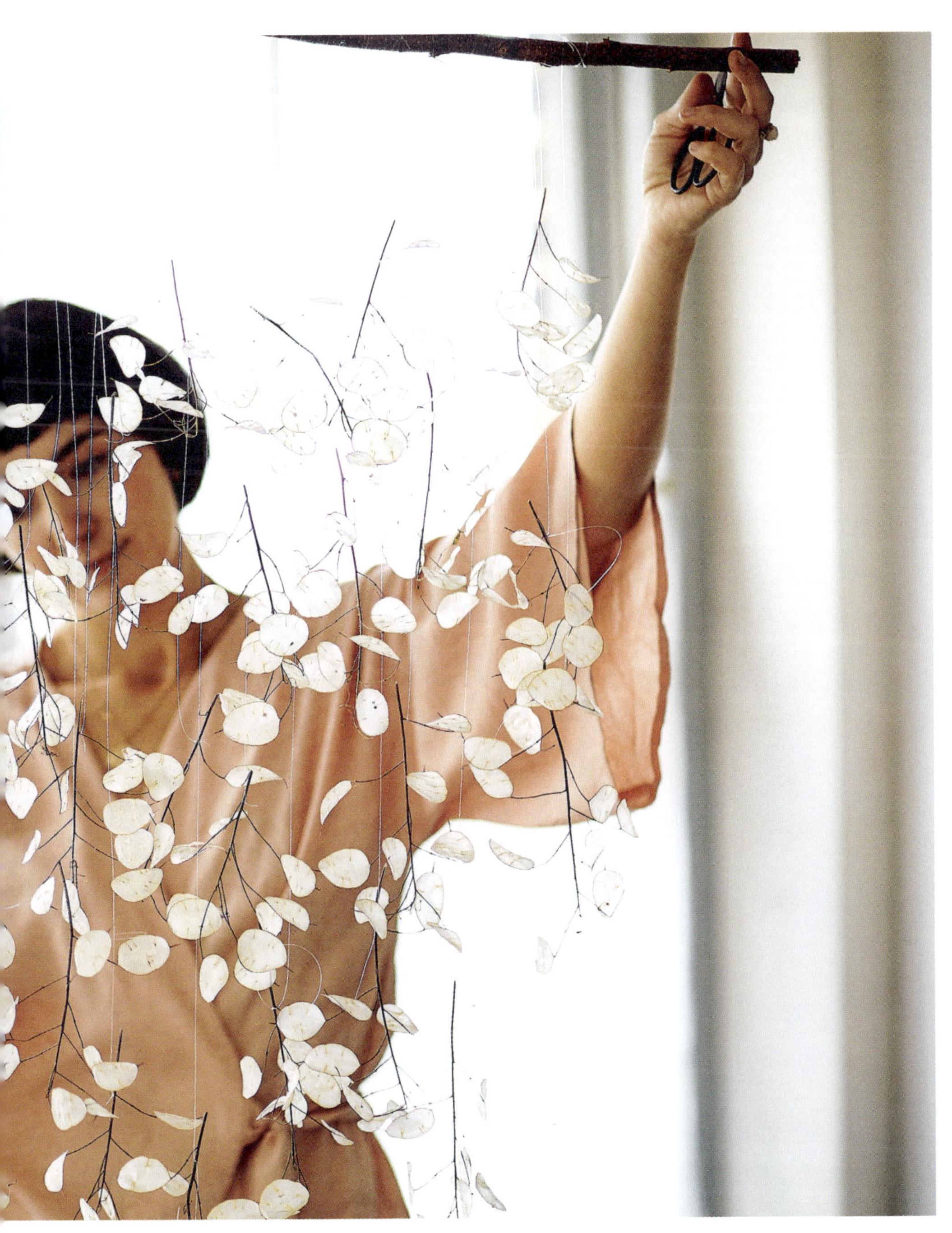

Sechs langlebige Projekte

Pflanzen von dauerhafter Schönheit

Wenn Lieblingsblumen auch in getrocknetem Zustand noch schön sind, hüpft das Herz einer jeden Floristin. Solche Blumen regen unsere Kreativität zusätzlich an und bieten neue Möglichkeiten des Arrangierens. Der Trocknungsprozess verläuft bei jeder Pflanze anders. Manchmal zeigen sich nur leichte Veränderungen, meist sind sie jedoch unübersehbar, und in einigen Fällen tritt die Schönheit eines in frischem Zustand eher unscheinbaren Gewächses nach dem Trocknen erst richtig zutage. Alles hat eben eine zweite Chance verdient!

In der Floristik dreht sich meist alles um frische Schnittblumen, die, wie wir alle wissen, nur allzu schnell welken. Umso schöner ist es, mit Pflanzen etwas gestalten zu können, was lange hält, vor allem, wenn es sich dabei um ein Geschenk oder eine Dekoration für die Wohnung handelt.

Dass im Winter nicht annähernd so viele Blumen zur Verfügung stehen wie im übrigen Jahr, ist für uns ein Dilemma, das wir lösen, indem wir Sommerblumen trocknen und auf Vorrat lagern, um außerhalb der Saison mehr Auswahl für unsere Arbeit zur Hand zu haben.

Ein weiterer Pluspunkt: Getrocknete Pflanzen lassen sich sehr gut einfärben. Wollen wir einem Gesteck mehr Farbe verleihen, fügen wir manchmal ein paar unserer getrockneten und eingefärbten Materialien hinzu. Bei der Auswahl der Farben gibt es keine Tabus: Sie können aus dem Vollen schöpfen, um Ihr Projekt noch ein kleines bisschen schöner zu machen.

Zum Trocknen verwenden wir besonders gerne Blätter exotischer Baumarten wie z. B. Fächerpalmen. Formen, Farben und Strukturen dieser Blätter sind nach dem Trocknen spektakulär; egal, welchen Raum sie schmücken, sie fallen sofort ins Auge.

Es gibt viele verschiedene Trocknungsverfahren für Blumen. Lufttrocknen, Pressen und Trocknen mit Sand sind die, die wir am häufigsten anwenden. Das Trocknen an der Luft ist die einfachste Methode: Die Blumen werden einfach in einem dunklen, gut durchlüfteten Raum bündelweise kopfüber aufgehängt. Damit sie nicht faulen, muss die Umgebungsluft trocken sein, denn Luftfeuchtigkeit fördert das Wachstum von Bakterien. Auch die Blätter müssen entfernt werden.

Maschendrahtgitter eignet sich besonders gut zum stehenden Trocknen großblumiger Arten. Stecken Sie einfach die Stängel durch die Löcher, und warten Sie, bis die Blüten durchgetrocknet sind.

Kleine Blüten und kurzes, unverholztes Blattwerk eignen sich dagegen ideal zum Pressen. Die abgeschnittenen Überbleibsel unserer Kreationen landen regelmäßig in der Blumenpresse. Sie sind bei unseren Kund:innen als Schmuck für Einladungs-, Menü- oder Grußkarten sehr beliebt.

Das Trocknen mit Sand eignet sich vor allem für kleinere Blumen. Für diese Methode benötigen Sie einen Behälter, der genügend Platz für die Blumen und den Sand bietet. Nach etwa zwei Wochen sind die Blumen bereits getrocknet.

Getrocknete Blumen lassen sich sehr gut mit frischen Blumen kombinieren. Trockenblumen ergänzen jede Art von Gebinde um eine statische, bizarre Komponente, die einen ganz besonderen Charme hat. Getrocknete Gräser hingegen setzen eher zarte, flaumige Akzente.

Zu den Pflanzen, die unserer Meinung nach getrocknet einen tollen Anblick bieten, gehören Mimosen, Hortensien, Goldgarben, Zierlauch, Jungfer im Grünen, Skabiosen, Zittergras, Färber- und Kugeldisteln, Pampasgras, Strohblumen, Strandflieder, Fächerpalmen und Mohn (Kapseln).

Blumenwand

Eine einfache Idee mit großer Wirkung

Manchmal erzielt man mit den einfachsten Gestaltungsideen die größte Wirkung – so z. B. mit einer Blumenwand. Einfacher geht es wohl kaum. Alles, was Sie benötigen, sind eine Rolle Klebeband und Pflanzenreste, die Sie für große Blumensträuße nicht brauchen konnten – und natürlich eine Wand.

Mit Lavendel und Rosmarin können Sie über Ihrem Bett eine Kräuterwand kreieren, die Ihnen vielleicht zu ruhigerem Schlaf verhilft. Rosen sollen im Schlafzimmer angeblich Albträume vertreiben, aber garantieren können wir das nicht.

Die Blumenwand ist ein tolles Mitmachprojekt: Terri hatte es für die Hochzeit eines Freundes vorgesehen und damit großen Erfolg, weil alle Gäste mit einbezogen werden konnten. Am Ende wurden sämtliche Hochzeitsfotos vor dieser Wand aufgenommen, denn sie gab nicht nur den romantischsten Hintergrund ab, sondern viele Gäste waren auch stolz darauf, an der Gestaltung mitgewirkt zu haben.

Das Lineare ist nicht gerade unsere Stärke. Millimetergenaues Arbeiten liegt uns einfach nicht, und exaktes Ausmessen macht uns keinen Spaß. Aus diesem Grund tendieren wir immer zu organischen Formen. Tatsächlich aber eignet sich dieses Projekt ebenso gut für symmetrische Arrangements – vorausgesetzt, man bringt genügend Zeit und Geduld für das Ausmessen mit.

Da wir nur getrocknete Pflanzen verwendet haben, muss die Blumenwand nach der Feier nicht sofort wieder entfernt werden.

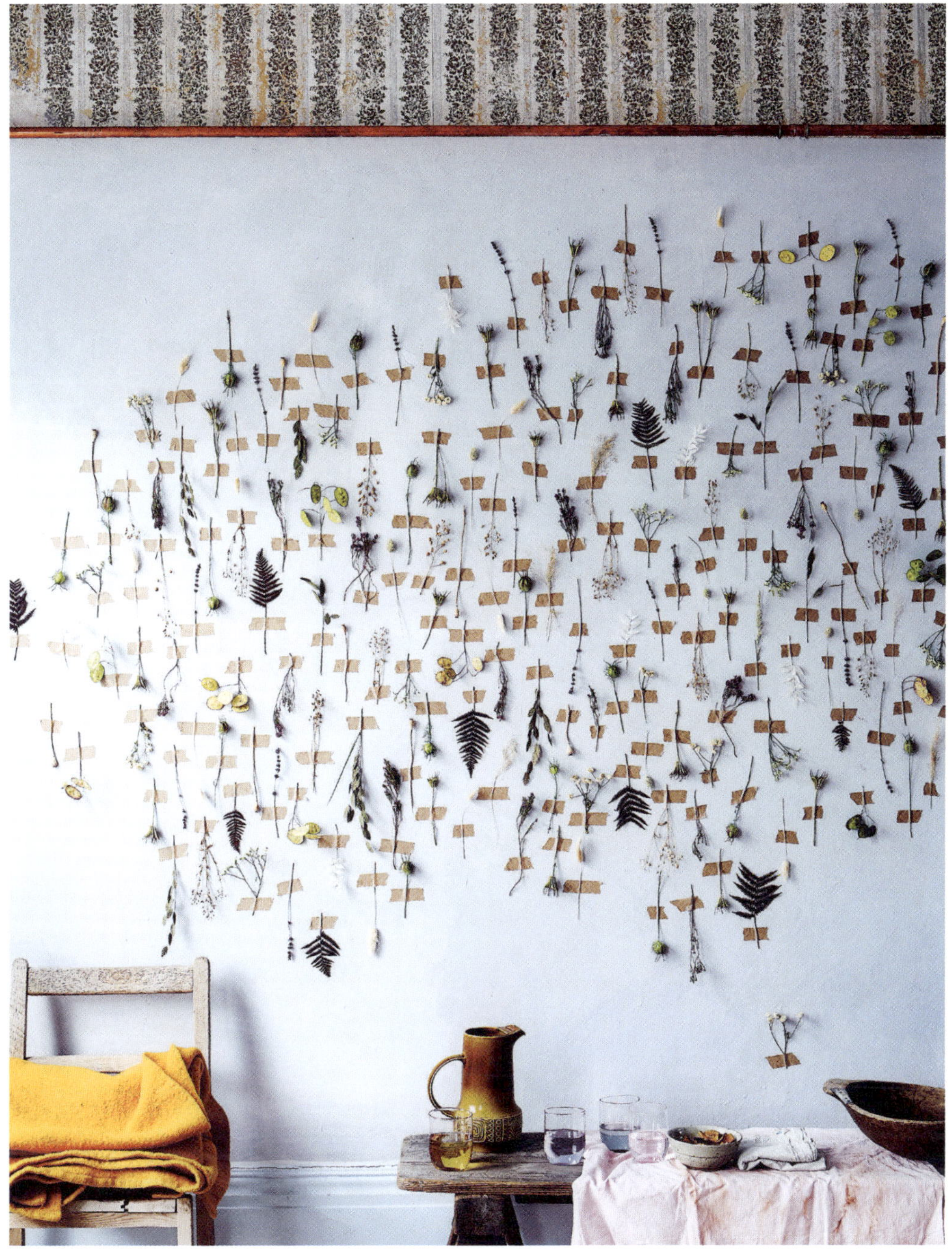

WERKZEUGE UND MATERIALIEN

2 Rollen Malerkrepp, ggf. mehr zur Markierung einer Grundform
Bonsaischere

PFLANZENMATERIAL

10 Stängel getrocknete Schafgarbe
10 Stängel konservierter Farn
40 Halme gemischte, getrocknete Gräser
10 Stängel getrocknetes Silberblatt
10 Stängel getrockneter Frauenmantel
10 Stängel getrockneter Lavendel
10 getrocknete Samenkapseln von Jungfer im Grünen
3 Halme getrocknetes Plattährengras
20 getrocknete Mohnkapseln
10 Stängel konservierter Mäusedorn
10 Stängel getrockneter Strandflieder
10 Halme getrockneter Weizen

Die Blumenwand besteht aus etwa 160 getrockneten Blüten, Blättern, Samenständen und Gräsern, die zumeist in kleinere Teilstücke zerlegt werden.

1 Überlegen Sie sich, an welcher Wand Sie die Dekoration anbringen möchten, wie viel Platz sie einnehmen soll und ob Sie eine bestimmte Form anstreben. Für unser Projekt haben wir eine unregelmäßige, organische Form gewählt. Wenn Sie eine geometrische Form, z. B. ein Quadrat, gestalten möchten, ist es ratsam, den Umriss vorher mit Klebeband auf der Wand zu markieren.

2 Zerlegen Sie größere Zweige in Teilstücke, und schneiden Sie sämtliche Stängel auf etwa 15 cm Länge. Das Klebeband portionsweise in etwa 7 cm lange Streifen schneiden, so geht das Aufkleben schneller.

3 Beginnen Sie mit dem Aufkleben der Stängel in der Wandmitte, und „puzzeln" Sie sich von dort aus nach außen vor. Jedes Teil sollte gut zu seinem Nachbarn passen. Um die Komposition auszubalancieren, können Sie Zweige bei Bedarf auch über Kopf oder schräg anbringen.

4 Treten Sie immer mal wieder einen Schritt zurück, und betrachten Sie Ihr Werk mit etwas Abstand. Achten Sie darauf, dass nirgends Zweige derselben Art oder Pflanze nebeneinanderhängen, und füllen Sie deutlich sichtbare Lücken auf.

5 Bei diesem Projekt gibt es kein wirkliches Ende; wann es abgeschlossen ist, bestimmen Sie. Hören Sie einfach auf, wenn Sie mit dem Ergebnis zufrieden sind.

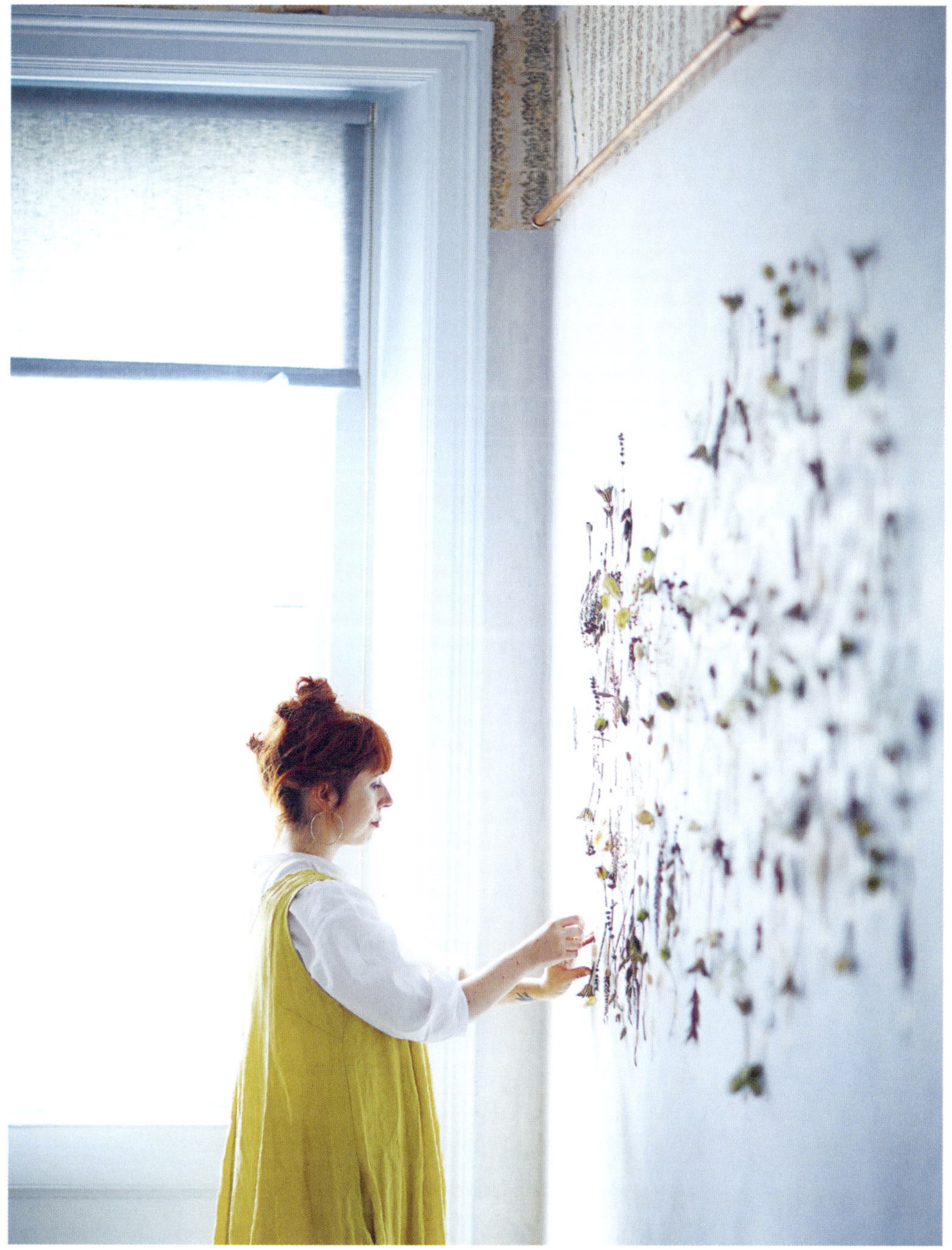

TIPPS

* Wenn Sie mögen, experimentieren Sie mit unterschiedlichen Klebebändern. Wir bevorzugen einfachen Malerkrepp, aber Sie können genauso gut farbiges oder gemustertes Klebeband verwenden.

* Eine ganz andere optische Wirkung erzielen Sie, wenn Sie vorab mit Kreppband bestimmte Bereiche der Wand abkleben. So lässt sich z. B. ein Streifenmuster erzeugen. Wenn Sie jeden zweiten Streifen mit Blumen schmücken, bleiben nach Entfernung des Abdeckbands Blumenbänder an der Wand zurück.

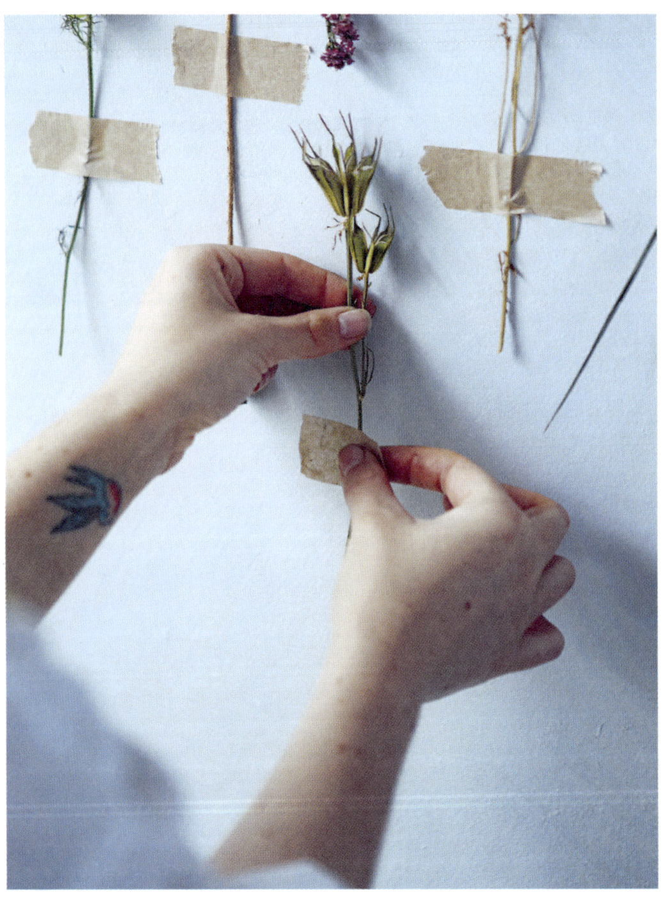

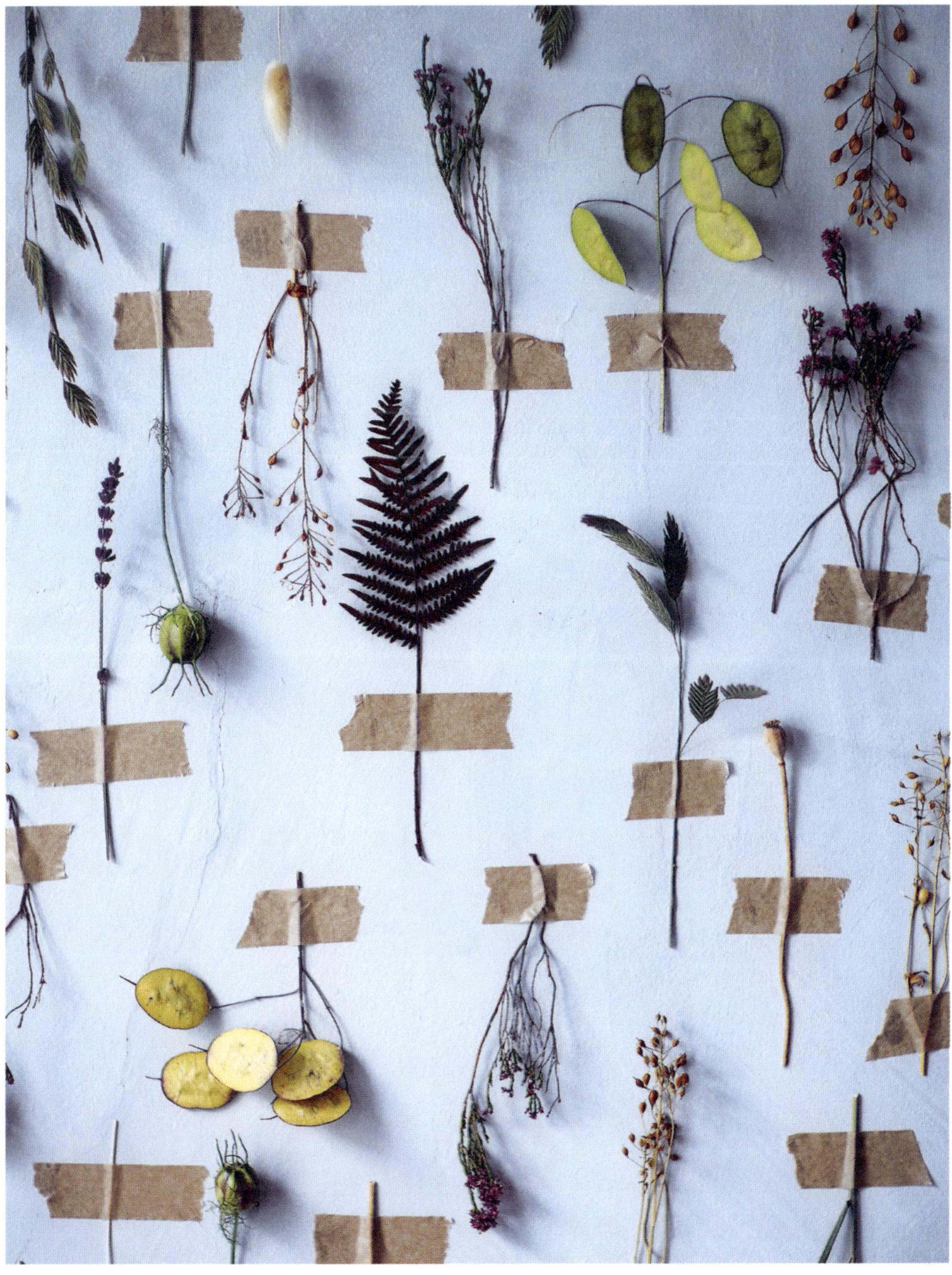

Graziler Wandbehang

Schätze der Natur gekonnt in Szene setzen

Dies ist ein weiteres kinderleichtes Projekt, das die Besonderheiten einzelner Pflanzen dekorativ zur Geltung bringt: Nehmen Sie ein paar selbst gepflückte Blumen und/oder aufgelesene Fundstücke, und basteln Sie damit diesen zauberhaften, eleganten Wandbehang. Im Schlafzimmer oder an einer Tür kommt er ausgezeichnet zur Geltung.

Besonders hübsch wirkt dieser Wandschmuck mit Blattgrün aller Art und zarten getrockneten Blumen. Der Trägerstab kann je nach Jahreszeit immer wieder neu mit Trockenblumen oder anderen Objekten bestückt werden. Folgen Sie einfach Ihrer Intuition: Ob einzelne Federn, Kastanien oder Tannenzapfen – Sie können alles aufhängen, was Sie bei Ihren Streifzügen in der Natur gefunden haben.

TIPPS

* Achten Sie auf die Balance: Damit der Wandbehang gerade hängt, muss das Gewicht der einzelnen Objekte gleichmäßig über seine gesamte Breite verteilt werden.

* Mit einem längeren Stab und größeren, gerade gewachsenen Zweigen (geeignet ist z. B. Mäusedorn) lassen sich ansprechende Wandinstallationen für besondere Gelegenheiten wie beispielsweise eine Hochzeit herstellen.

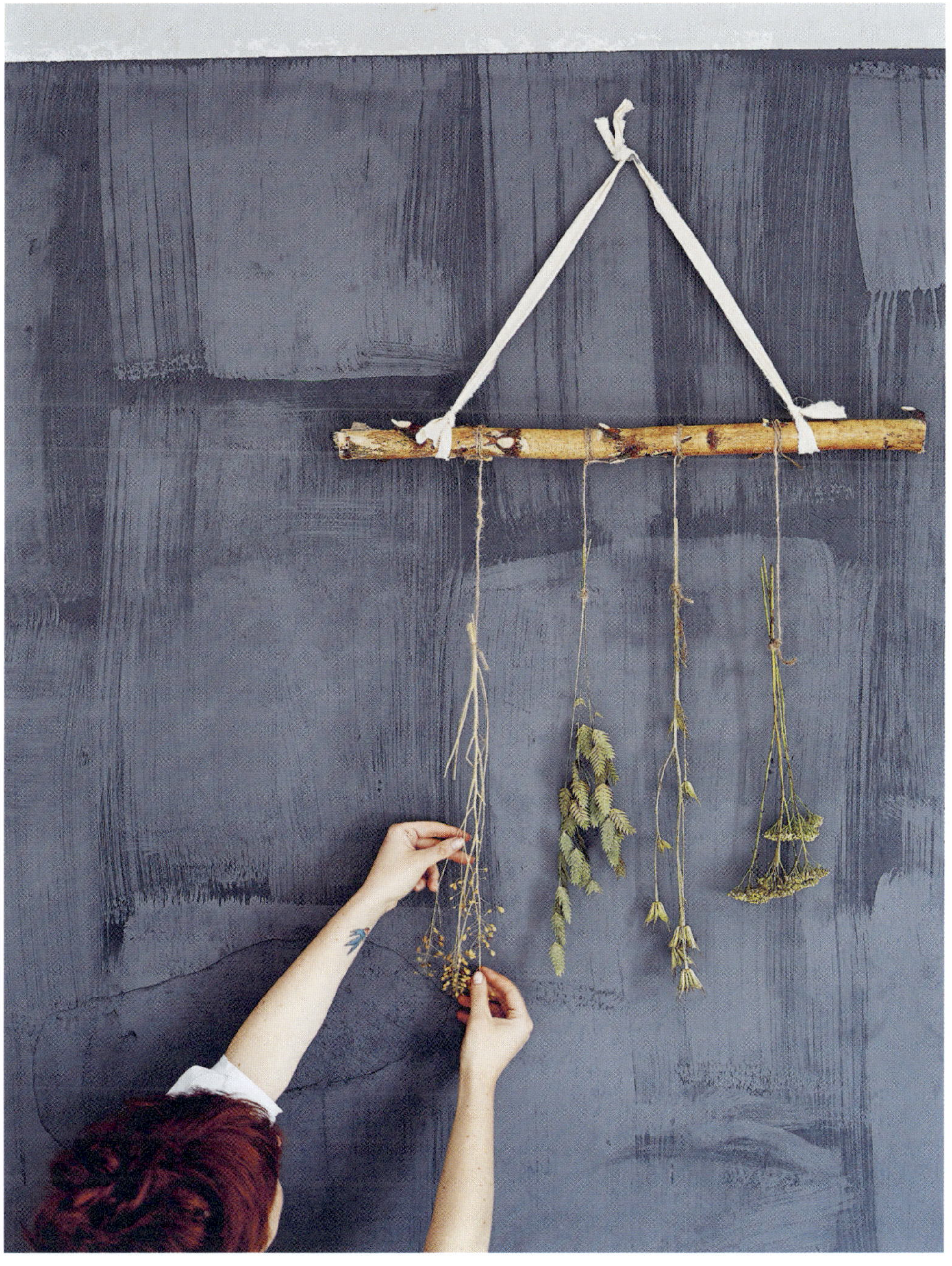

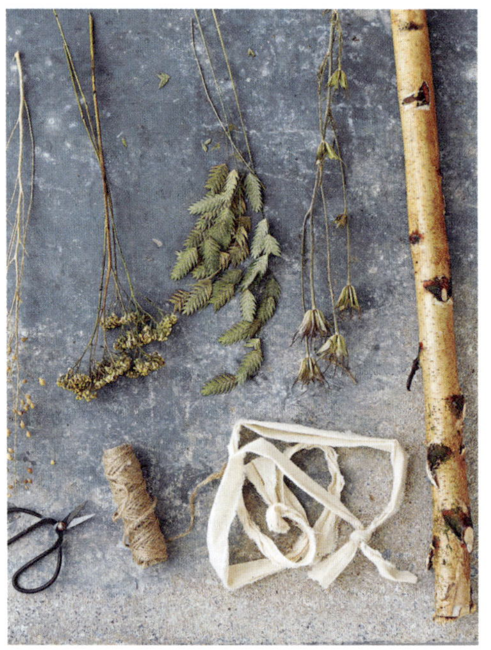

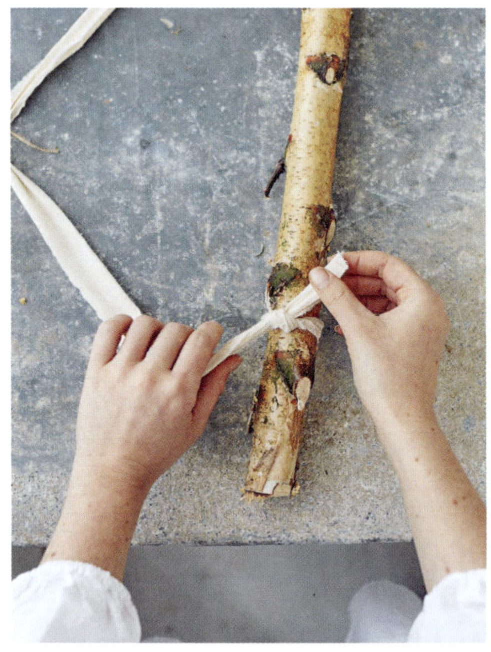

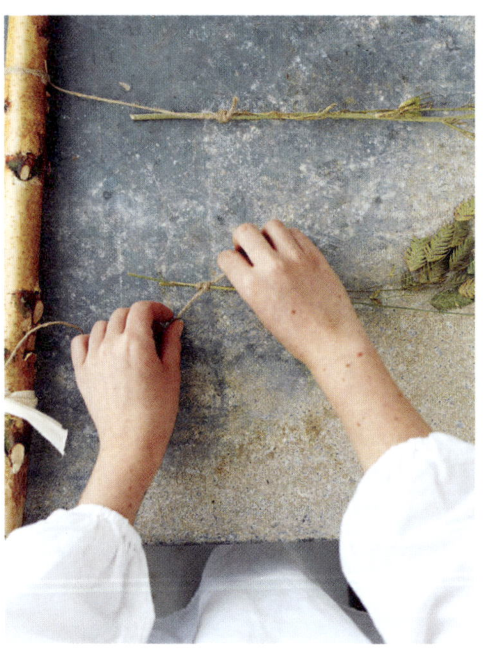

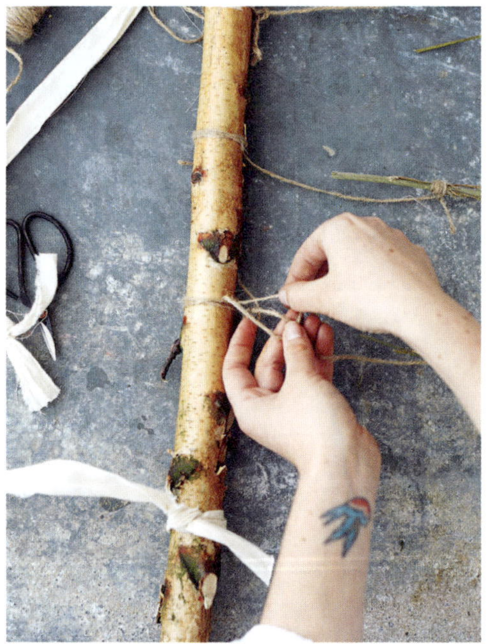

WERKZEUGE UND MATERIALIEN

2 Streifen Nesselstoff, jeweils etwa 3 cm breit und 60 cm lang
Schnur
Bonsai- oder Floristenschere
ggf. 1 kleiner Nagel oder Bilderhaken

PFLANZENMATERIAL

1 Buchenholzzweig, 60 cm lang
3 Stängel getrocknete Goldgarbe
3 getrocknete Samenkapseln von Jungfer im Grünen
3 Halme getrockneter Flughafer
3 Halme getrocknetes Plattährengras

1 Legen Sie alle Materialien zurecht. Die Pflanzenstängel können beliebig lang sein – wir haben 30 bis 40 cm lange Zweige, Stängel und Halme verwendet. Als Trägerstab wirkt ein vom Baum gefallener Zweig besonders natürlich. Solange er das Gewicht der Objekte, die daran aufgehängt werden sollen, tragen kann, spielt seine Dicke keine Rolle. Zum Aufhängen können Sie statt Nessel auch einen anderen Stoff, Seil, Schnur oder Zierband verwenden.

2 Zunächst die Stoffstreifen jeweils 5 cm von den Enden entfernt an den Trägerstab knoten und oben zusammenbinden. Beide Streifen müssen gleich lang sein, damit der Wandbehang später gerade hängt bzw. der obere Knoten in der Mitte sitzt. Am besten hängen Sie den Zweig zum Schmücken an die Wand, sodass Sie Ihr Werk immer vor Augen haben.

3 Fassen Sie das Pflanzenmaterial entweder sortenweise oder gemischt zu kleinen Bündeln zusammen, und umwickeln Sie die Stängel ein paar Zentimeter vom Stielende entfernt drei- bis viermal mit Schnur. Die Schnur um den Trägerstab legen, das Ende mehrmals darum herumwickeln und verknoten. Die restlichen Bündel in unterschiedlichen Höhen anbringen; so wirkt das Arrangement besonders natürlich und interessant.

4 Damit sich nichts verheddert, sollten zwischen den Pflanzenbündeln jeweils etwa 5 cm Abstand sein. So kommen auch die Charakteristika der einzelnen Arten gut zur Geltung. Zum Schluss die Schnurenden kürzen, die Abstände bei Bedarf noch einmal nachjustieren und den Zweig an seinen endgültigen Bestimmungsort hängen.

Tropenkranz

Karibisches Flair

Ein Kranz kann so viel mehr sein als nur ein Haufen Blumen. In unseren Augen sind ungewöhnliche und fantasievoll gestaltete Kränze eigenständige Kunstwerke, die sich zwischen Bildern und anderen Kunstobjekten durchaus behaupten können.

Bei unserer Blumenauswahl und beim Arrangieren lassen wir uns zwar am liebsten von der heimischen Flora inspirieren, bei manchen Projekten aber kann ein exotischer Touch nicht schaden. Für diese Fälle haben wir stets getrocknete Blätter tropischer Pflanzen auf Lager, die allein schon dank ihrer Größe und subtilen Farbschattierungen jede Art von Arrangement imposant wirken lassen und alle Blicke auf sich ziehen.

Tropisch ist aber nicht gleichbedeutend mit laut oder schrill. Hier haben wir ein dezentes Farbschema gewählt, das zu jedem Einrichtungsstil passt. Mit Farbspray haben wir leichte, kaum sichtbare Akzente in Orange, Braun und Gelb gesetzt, um die sanften Farben deutlicher hervorzuheben und den natürlichen Charakter des Arrangements zu betonen.

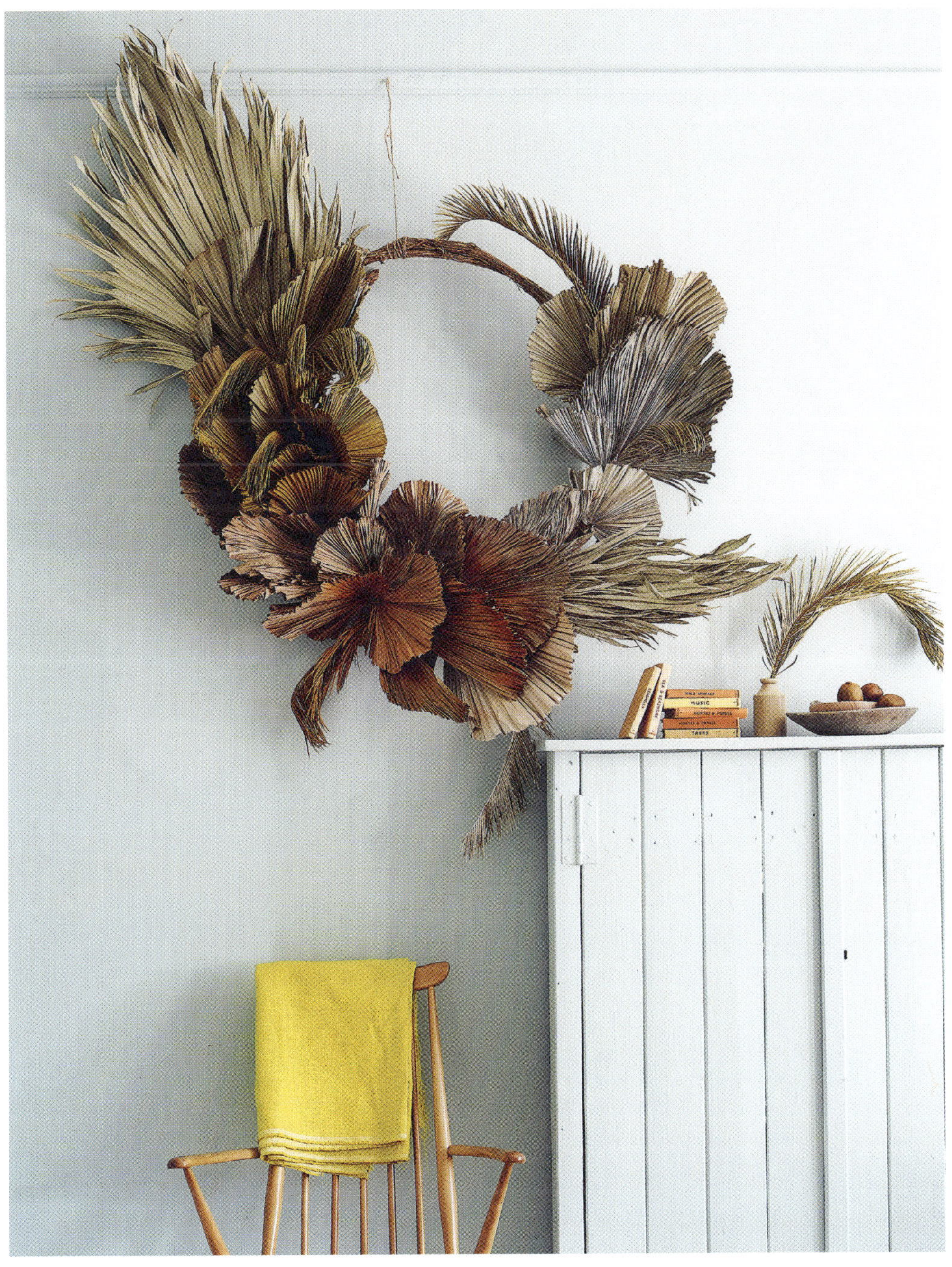

TROPENKRANZ

WERKZEUGE UND MATERIALIEN

Farbspray für Pflanzen in Terrakotta, Senf, Kupfer, Weiß und Creme
Floristenschere
Schnur
ggf. Nagel zum Aufhängen

PFLANZENMATERIAL

1 große Clematisranke für das Kranzgerüst
40 getrocknete Palmblätter in verschiedenen Formen und Größen

1 Palmblätter bilden beim Trocknen verschiedene Farbtöne aus – manche färben sich zartgrün, andere beige oder gelblich. Das Farbspektrum dieses Kranzes reicht von sanftem Grün über Gelb und Orange bis hin zu Weiß. Um die Unterschiede deutlicher hervorzuheben, können Sie einen Teil der Blätter einfärben. Gruppieren Sie die Blätter zunächst nach Farben, und besprühen Sie dann einen Teil davon in einer kräftigeren oder der gewünschten Nuance. Mit cremefarbenem oder weißem Farbspray lassen sich lebhafte Farben aufhellen. Am Ende sollte alles so natürlich wie möglich wirken.

2 Fertigen Sie aus der Clematisranke ein Kranzgerüst (siehe S. 20), und breiten Sie alle Blätter nach Farben sortiert vor sich aus. Die beiden größten Blätter erst einmal aussortieren – sie werden später als Anfangs- bzw. Endstück gebraucht. Überlegen Sie sich dann eine Farbfolge, und legen Sie das Material in der entsprechenden Reihenfolge zurecht. Es sollte ein abwechslungsreiches Design aus größeren und kleineren Blättern entstehen.

3 Sind Sie mit der Anordnung zufrieden, befestigen Sie die Blätter am Kranzgerüst. Die Stängel vorher auf maximal 12,5 cm Länge einkürzen, damit der Kranz nicht zu schwer wird.

4 Die beiden großen Blätter geben dem Kranz seine optische Struktur und bilden einen guten Hintergrund für das restliche Blattwerk. Binden Sie eines davon links oben am Kranzgerüst fest, und neigen Sie es leicht nach links. So wirkt das Arrangement später interessanter. Ist das Blatt sehr schwer, befestigen Sie den Stiel sicherheitshalber an mehreren Stellen.

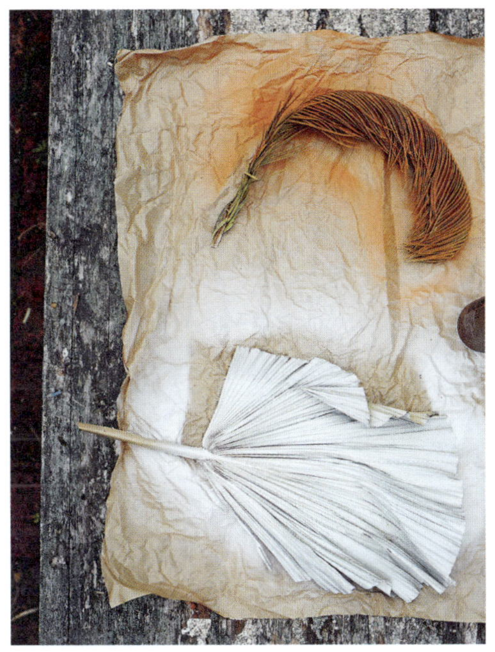

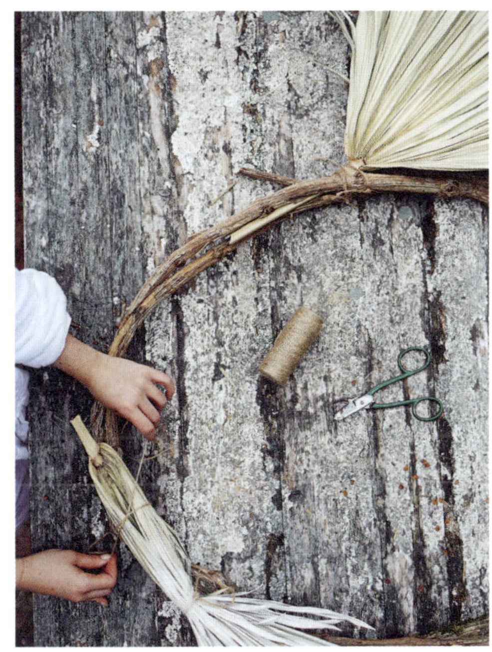

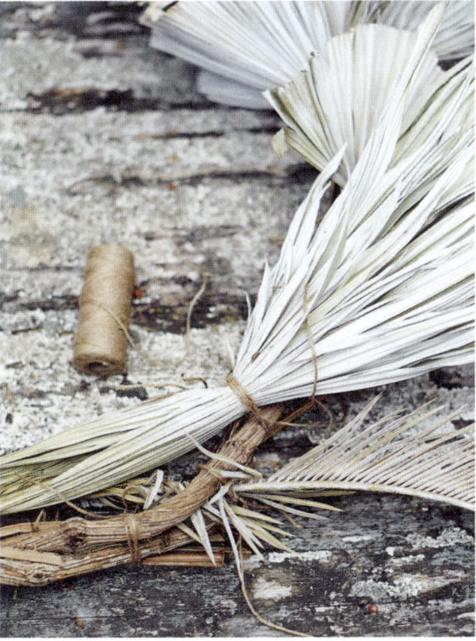

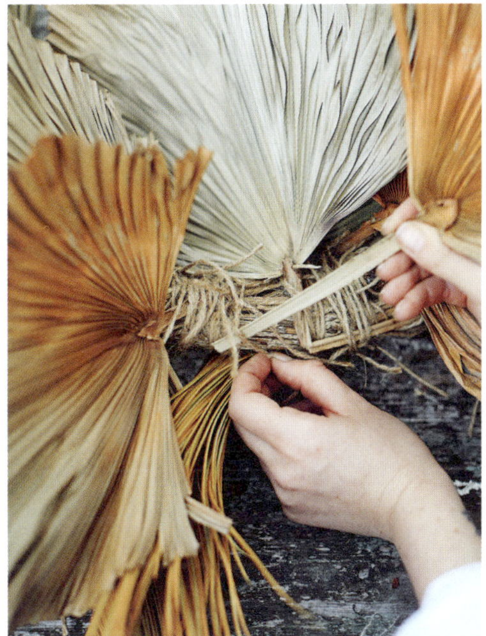

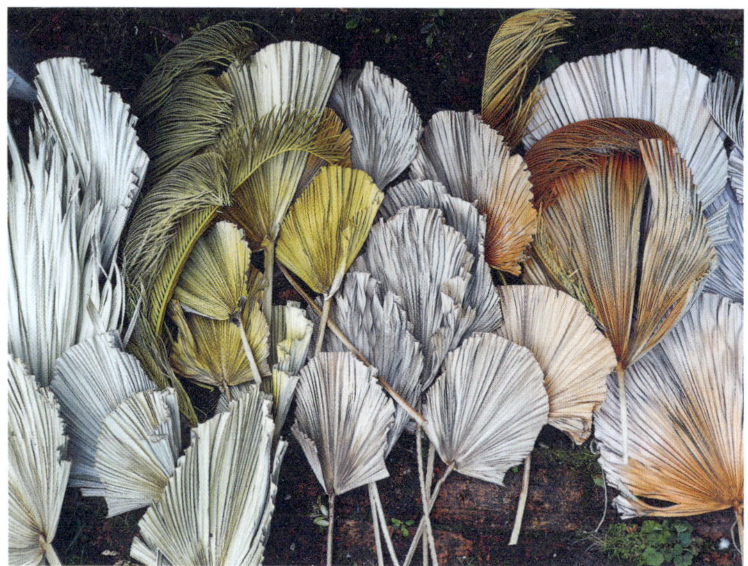

5 Die übrigen Blätter in der gewünschten Reihenfolge fixieren. Um einen harmonischen Farbverlauf zu erzielen, müssen Sie während des Arrangierens unter Umständen noch einige weitere mit Farbe besprühen. Reihen Sie ansonsten die Blätter dicht an dicht, sodass am Ende keine Schnur mehr zu sehen ist.

6 Empfindliche Blätter erst zum Schluss ergänzen, damit sie bei der Arbeit nicht beschädigt werden. Wenn Sie das Gefühl haben, dass Ihr Arrangement in sich stimmig ist, fügen Sie das zweite große Blatt in einem Ihnen passend erscheinenden Winkel als Endstück hinzu. Heraushängende Fadenenden abschneiden und den Kranz aufhängen.

TIPPS

* Projekte wie dieses sind *die* Gelegenheit für Farbspielereien. Einmal haben wir sogar eine Version in Blockfarben à la Matisse gefertigt.

* Große Kränze sind oft sehr schwer und benötigen eine stabile Befestigung.

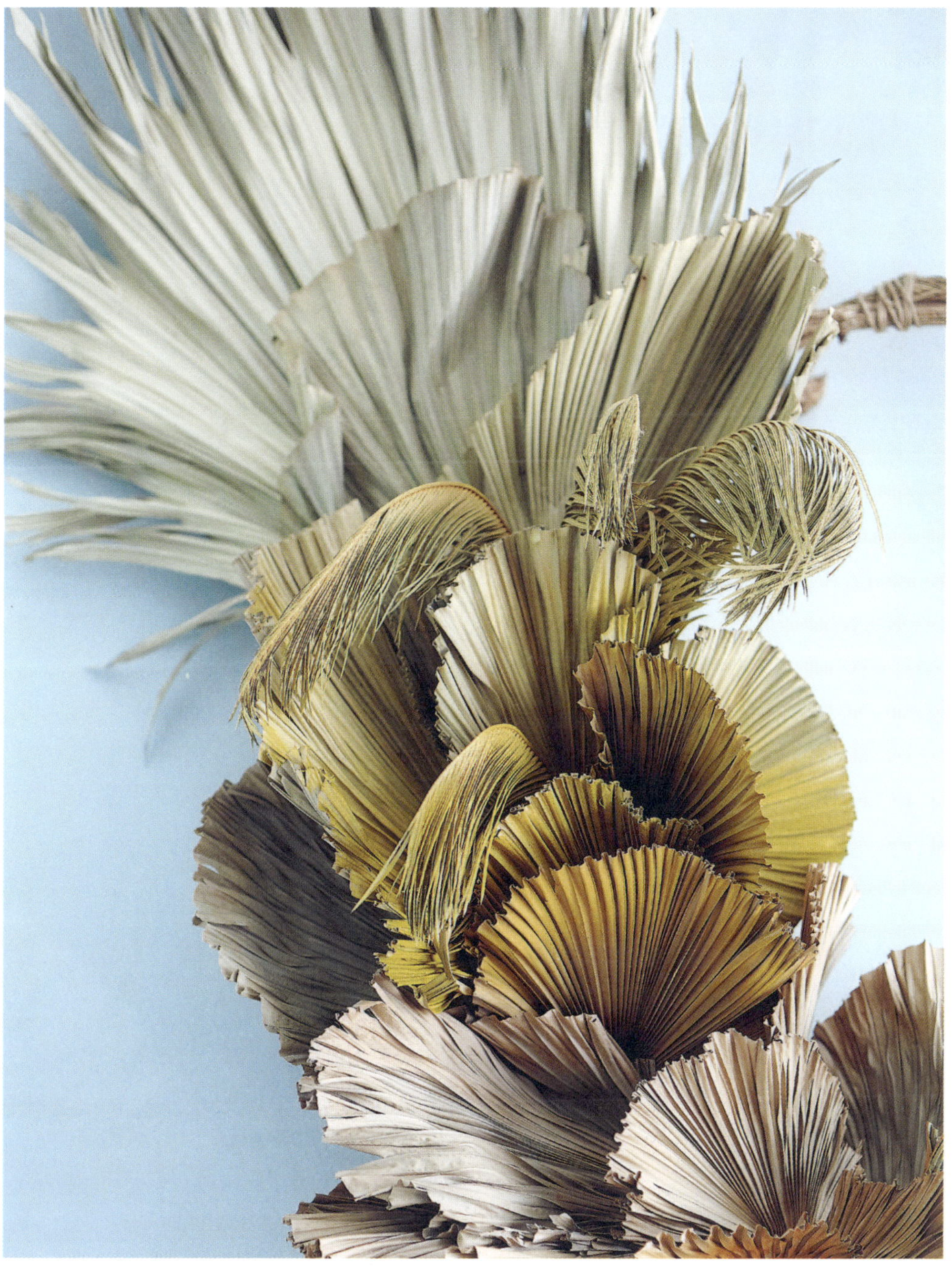

Mondviolen-Mobile

Ein Himmel voller Monde

Wir lieben die getrockneten Samenschoten von *Lunaria annua*, der Mondviole. Vielleicht liegt es daran, dass sie in unseren Elternhäusern (als Staubfänger) allgegenwärtig waren. Wie auch immer – wir finden ihr perlmuttgleiches, silbriges Schillern einfach zauberhaft. Deshalb wird die Pflanze unter anderem auch Silberblatt oder Silbertaler genannt.

Wenn Sie zwei linke Hände haben, ist dieses Projekt nichts für Sie. Das Mobile ist zart und nicht ganz einfach herzustellen. Es hängt am besten an einem Platz, an dem kein Lüftchen weht, denn nach einem Windstoß verhedderte Zweiglein und Schoten zu entwirren, ohne sie zu beschädigen, ist fast ein Ding der Unmöglichkeit. Davon abgesehen, wirkt das Mobile vor einem Fenster, wo die Schoten im Licht schimmern, fantastisch.

Wer einen eigenen Garten hat, kann die Samen, die aus den Schoten herausgelöst werden, aussäen. Die Mondviole ist trotz ihres lateinischen Namens zweijährig, trägt also erst im zweiten Jahr nach der Aussaat Blüten und Früchte, aus denen Sie weitere Mobiles herstellen können. Ein Projekt mit Zukunft, würden wir sagen.

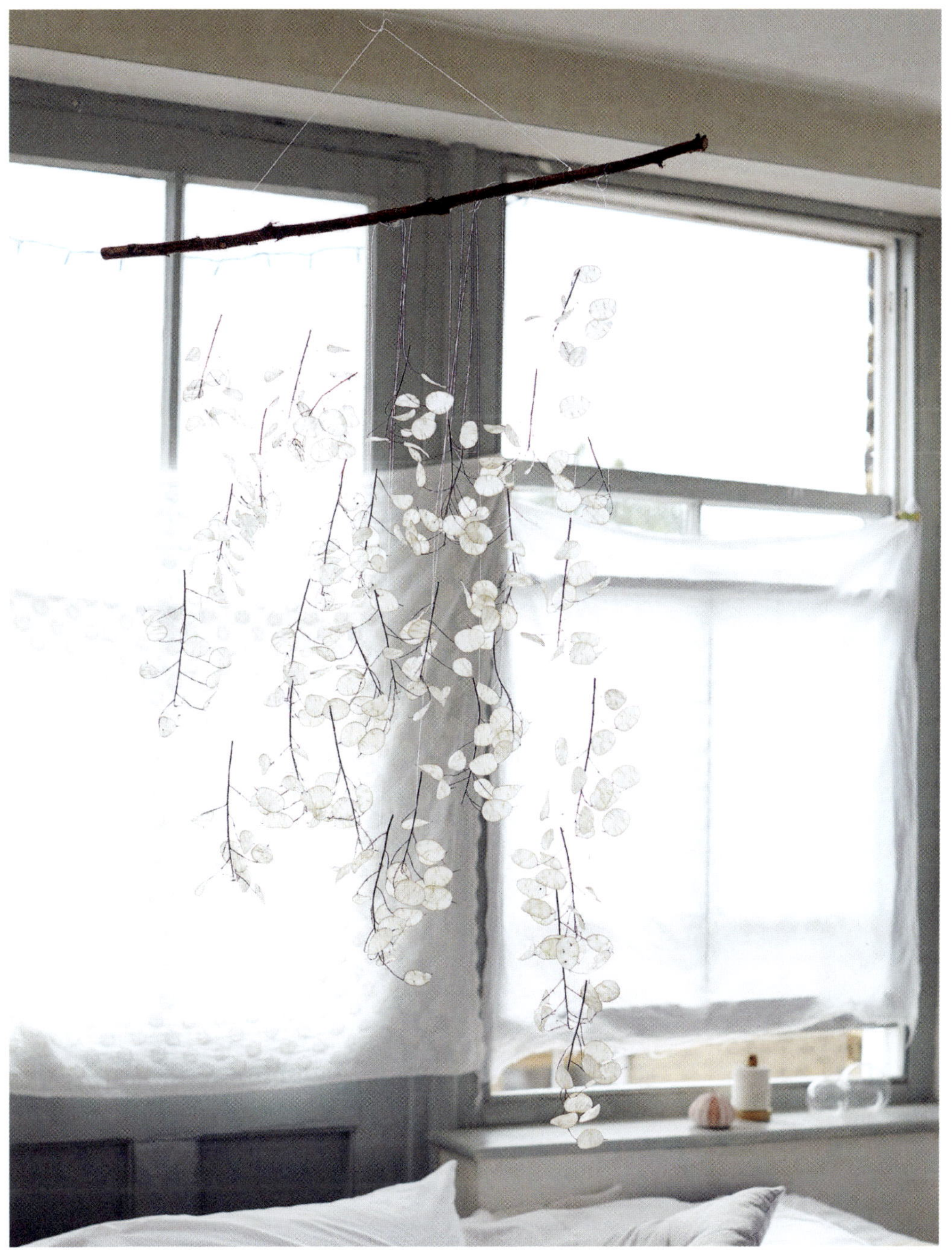

MONDVIOLEN-MOBILE

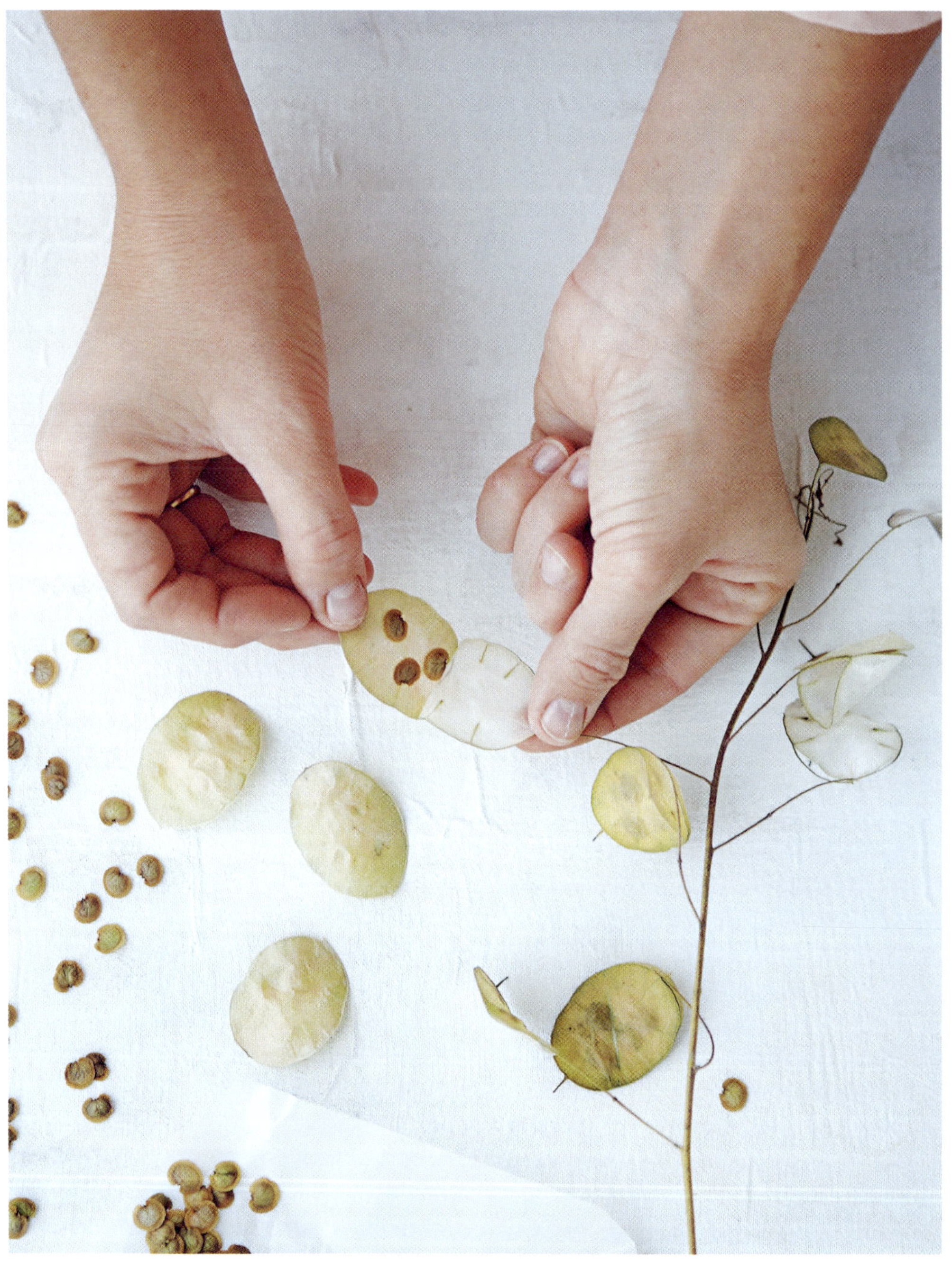

WERKZEUGE UND MATERIALIEN

Bonsaischere
1 Rolle transparente Nylon- oder Perlonschnur
ggf. Schraubhaken zum Aufhängen

PFLANZENMATERIAL

1 stabiler, gerader Zweig oder Stab zum Aufhängen der Schoten (unserer ist 70 cm lang)
5 lange, verzweigte Stängel Mondviole mit getrockneten Samenschoten

1 Das Silberblatt bildet pro Stängel etwa fünf kleine, zarte Seitensprosse mit Blüten bzw. Fruchtständen aus. Schneiden Sie diese Seitentriebe ab, und werfen Sie den kahlen Stängel weg. Für dieses Projekt haben wir 25 kleine Zweige mit Samenschoten verwendet.

2 Um die „Silbertaler“ freizulegen, müssen Sie zunächst die leicht bräunlichen oder violetten Hüllen und die Samen entfernen. Die Schoten haben an der Spitze jeweils einen kleinen Dorn, an dem sie sich von der darunter liegenden schillernden Scheibe abziehen lassen. Da diese sehr zerbrechlich ist und leicht einreißt, müssen Sie sehr behutsam vorgehen. Legen Sie die flachen, braunen Samen beiseite, wenn Sie sie später im Garten aussäen möchten.

3 Schneiden Sie anschließend zwei gleich lange Nylon- oder Perlonschnüre in der passenden Länge zu (hier: 40 cm). Die Schnüre jeweils etwa 10 cm entfernt von den Enden am Zweig oder Stab festbinden. Die beiden freien Enden in der Mitte zusammenknoten und das Mobile an der dafür vorgesehenen Stelle aufhängen. Achten Sie darauf, dass es ausbalanciert ist und gerade hängt.

4 Bringen Sie Fäden an den Enden der Zweige an. Ein Fadenende knapp über dem Knoten abschneiden, das andere Ende hängen lassen. Variieren Sie die Fadenlängen so, dass die Zweiglein später auf verschiedenen Höhen hängen. In unserem Beispiel ist der kürzeste Faden 25 cm und der längste 90 cm lang.

5 Knüpfen Sie die Zweige nun an den Ast oder Stab, und schneiden Sie überstehende Fadenenden anschließend ab. Beginnen Sie auf einer Seite – innerhalb der Aufhängung direkt neben der Nylonschnur –, und arbeiten Sie sich sukzessive bis zur anderen Seite vor. Achten Sie dabei auf gleichmäßige Abstände (etwa 2,5–5 cm), damit das Mobile nicht aus dem Gleichgewicht gerät, und auf ein harmonisches Zusammenspiel der Längen. Wir haben die einzelnen Fadenlängen so justiert, dass die Unterkante schräg verläuft (siehe Foto S. 97).

TIPPS

* Am besten sieht das Mobile aus, wenn es frei unter der Decke schwebt, doch auch vor einer dunklen Wand kommt es gut zur Geltung.

* Wer es lieber bunt mag, kann die Taler mit Farbe besprühen. Für ein Kinderzimmermobile haben wir sie schon einmal in Anlehnung an Alexander Calder in Blau, Magenta und Gelb eingefärbt.

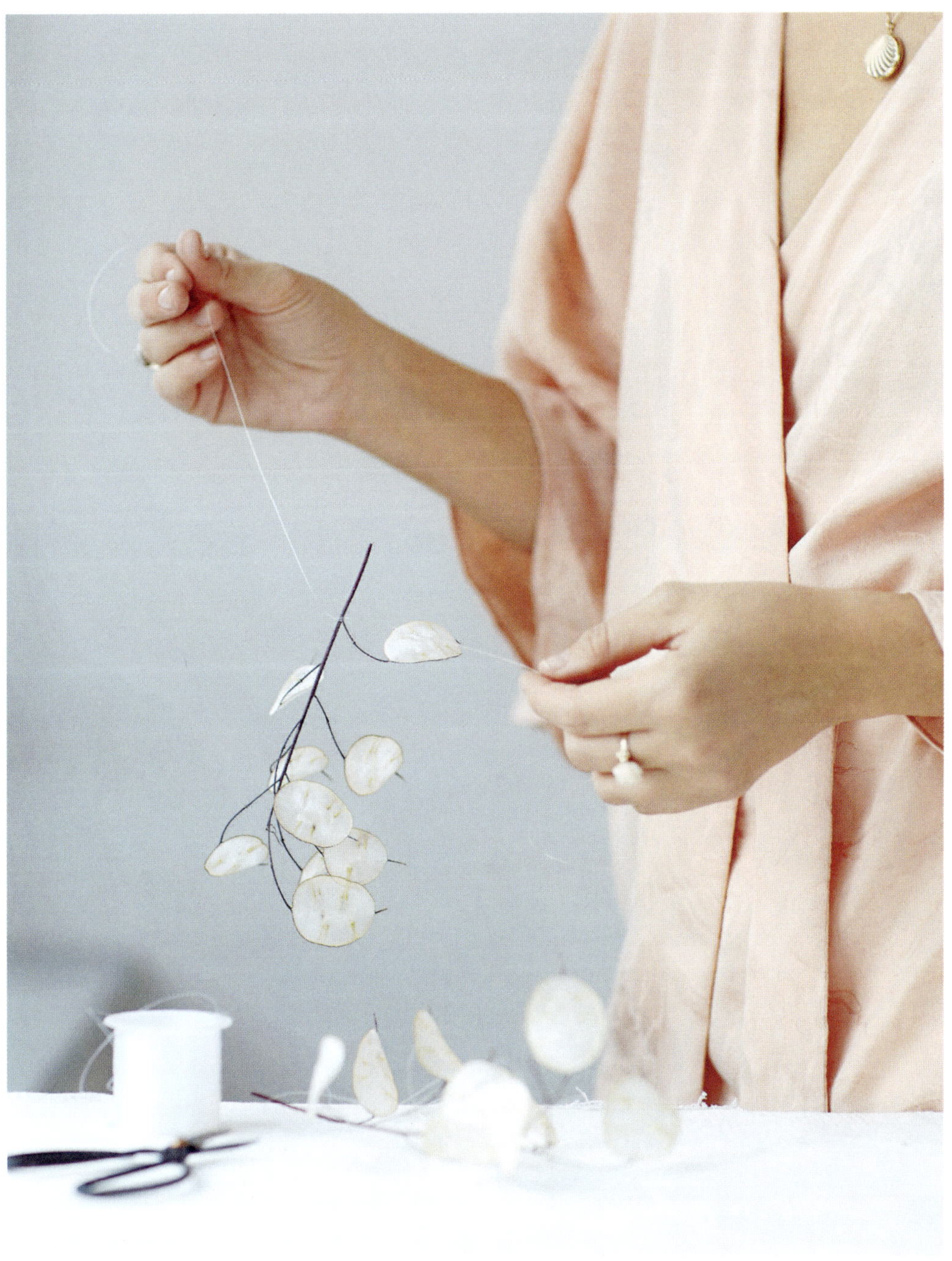

Kräutergirlande

So sind Küchenkräuter immer griffbereit.

Dieses Projekt ist ebenso schön wie nützlich und wäre damit ganz im Sinne von William Morris, einem der wichtigsten Vertreter der Arts-and-Crafts-Bewegung. Die Kräuter trocknen langsam vor sich hin und sind jederzeit griffbereit. Auch Blumen, die beim Trocknen ihre Schönheit behalten, bunte Herbstblätter oder kleine, weihnachtliche Tannenbündel wirken als Girlande sehr dekorativ.

Sie können die Girlande vor ein Fenster hängen oder eine Küchenwand damit schmücken und Ihrer Küche damit ein besonderes Flair verleihen. Alte Kräuterbündel lassen sich jederzeit durch frische ersetzen. Kräuter aus dem Garten erntet man am besten bei trockener Witterung im Morgengrauen – also weder nach einem Regenguss noch im Sonnenschein. Bei Wärme verfliegen die ätherischen Öle, und sowohl das Aroma als auch der würzige Duft der Pflanzen geht verloren.

Wählen Sie Kräuter mit unterschiedlichen Blattformen, Farben und Aromen – sie machen Ihre Girlande zur Augenweide und bescheren Ihnen zugleich ein sinnliches Dufterlebnis. Dass die Farben beim Trocknen der Pflanzen allmählich zu unterschiedlichen Sepiatönen verblassen, trägt mit zum Charme der Girlande bei.

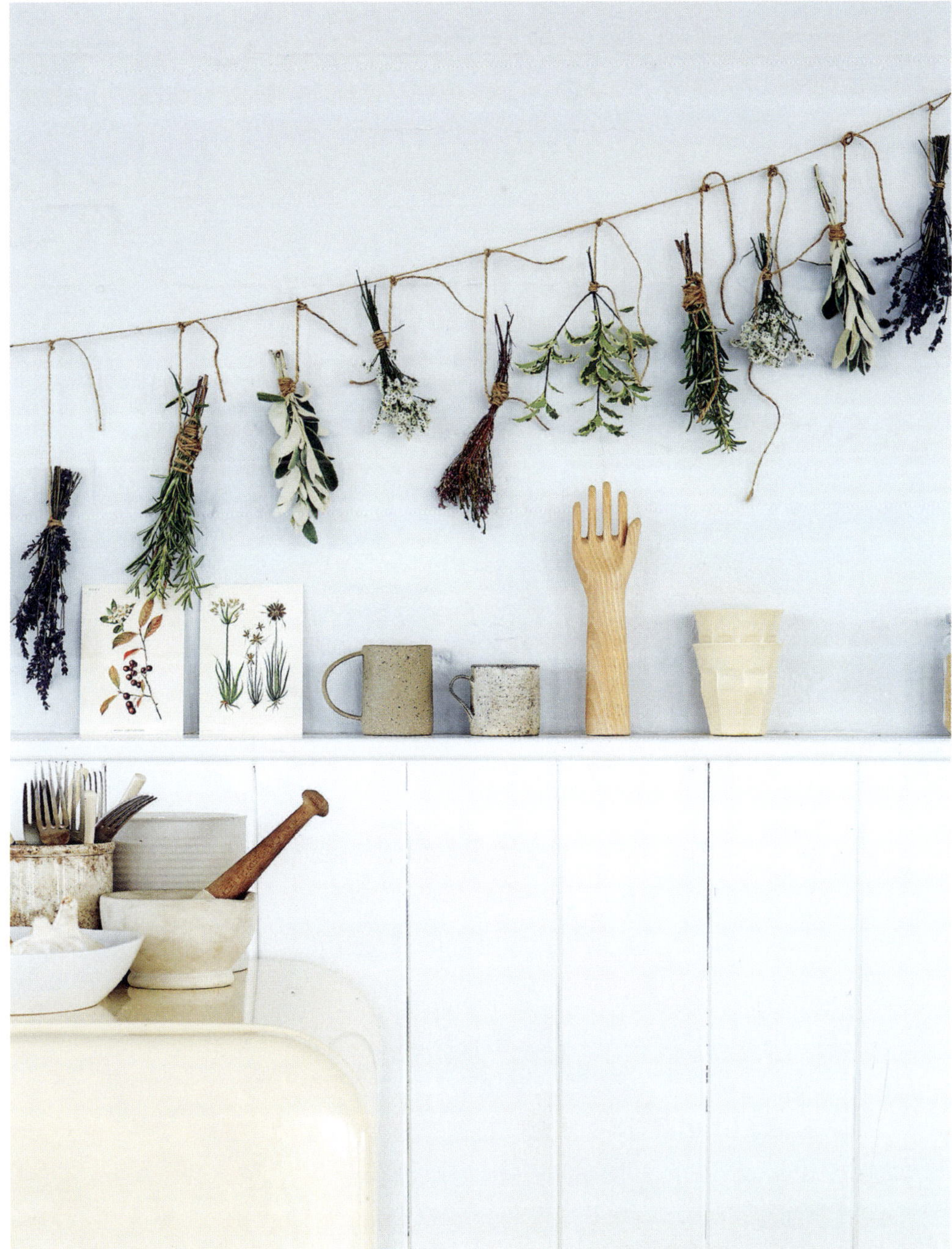

WERKZEUGE UND MATERIALIEN
Floristenschere
Schnur
ggf. 2 Nägel oder Haken zum Aufhängen

PFLANZENMATERIAL
15 Lorbeerzweige
15 Heidekrautzweige
15 Lavendelzweige
15 Pfefferzweige
15 Rosmarinzweige
15 Salbeizweige
25 Thymianzweige

1 Sortieren Sie die geernteten oder gekauften Kräuter, Blumen und Blätter. Überlegen Sie, ob Sie die Bündel sortenweise oder zu Potpourris zusammenstellen wollen.

2 Fassen Sie jeweils zwei bis vier Zweige zu einem Bündel zusammen, und kürzen Sie die Stängel auf 10 bis 20 cm. Die Girlande sieht hübscher aus, wenn die Bündel jeweils unterschiedlich lange Stiele haben.

3 Entscheiden Sie, an welcher Stelle Sie die Bündel zusammenbinden wollen, und entfernen Sie unterhalb davon das gesamte Laub oder die Blüten. Vorhandenes Laub niemals mit einschnüren – das fördert die Bildung von Schimmel, der sich am Stängel entlang ausbreiten kann. Wickeln Sie die Schnur vier- bis fünfmal um die Stängel, verknoten Sie die Enden, und schneiden Sie eines davon ab. Das andere Ende hängen lassen; daran werden die Bündel später aufgehängt. Kürzen Sie die Stängel unterhalb der Schnürung auf etwa 4 cm ein.

4 Messen Sie die Wand oder das Fenster aus, an der bzw. dem Sie die Girlande aufhängen möchten, und schneiden Sie die Schnur mit einer großzügigen Zugabe auf die passende Länge. Bei Bedarf an den vorgesehenen Befestigungspunkten zwei Nägel einschlagen oder Haken anbringen. Ziehen Sie die Schnur beim Befestigen möglichst stramm, sodass sie nach dem Hinzufügen der Bündel nur minimal durchhängt. Hängen Sie die Bündel in unterschiedlichen Höhen (5–10 cm) und in gleichmäßigen Abständen an die Leine.

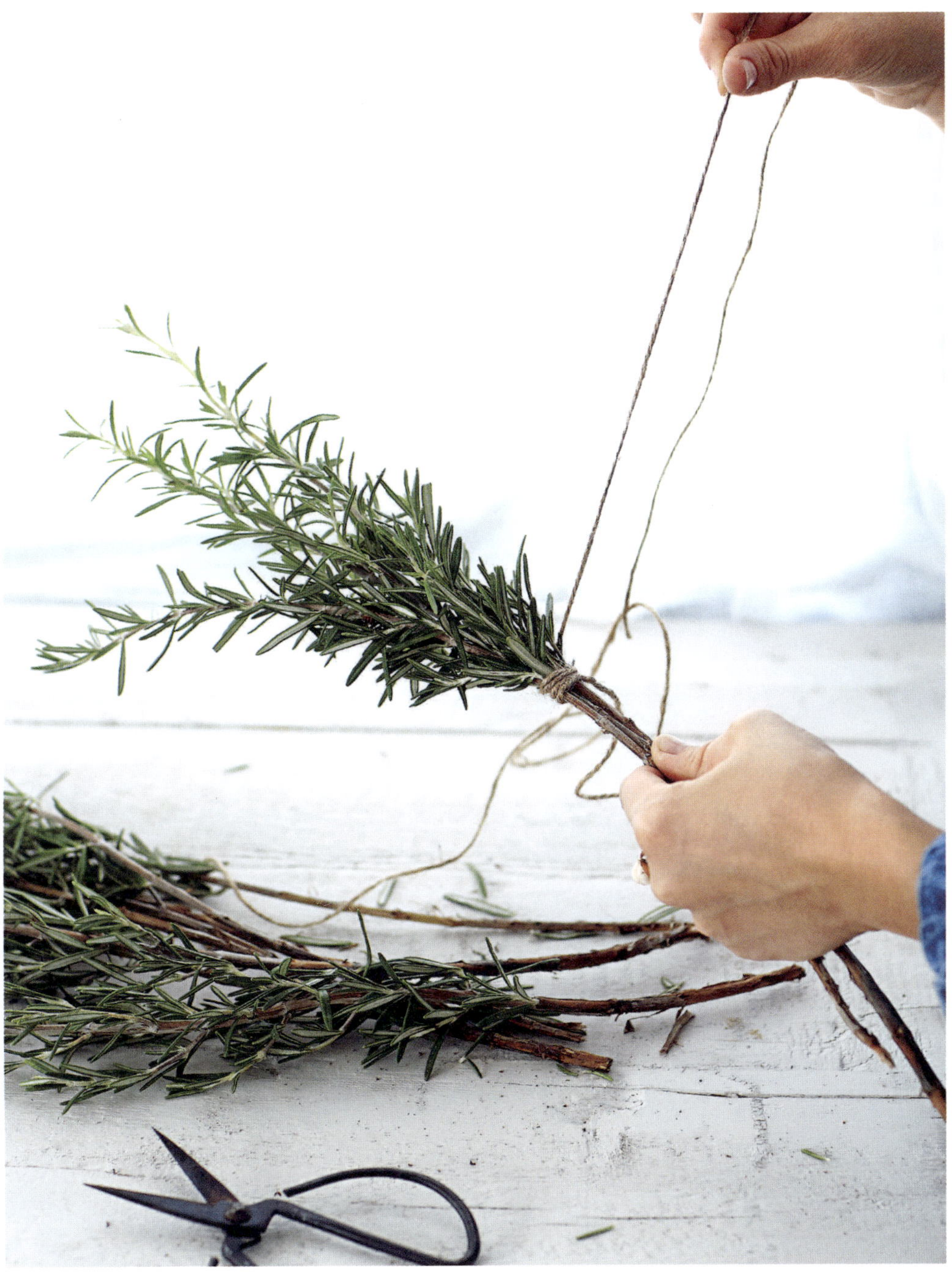

TIPPS

* Um Schimmelbildung zu verhindern, sollten Sie höchstens jeweils vier Zweige zu einem Bündel zusammenbinden, sodass die Luft zwischen ihnen zirkulieren kann – vor allem, wenn Sie die Kräuter später zum Kochen verwenden wollen.

* Einen besonders interessanten Anblick bietet die Girlande, wenn Sie immer wieder Bündel mit anderen Blattformen und -farben hinzufügen.

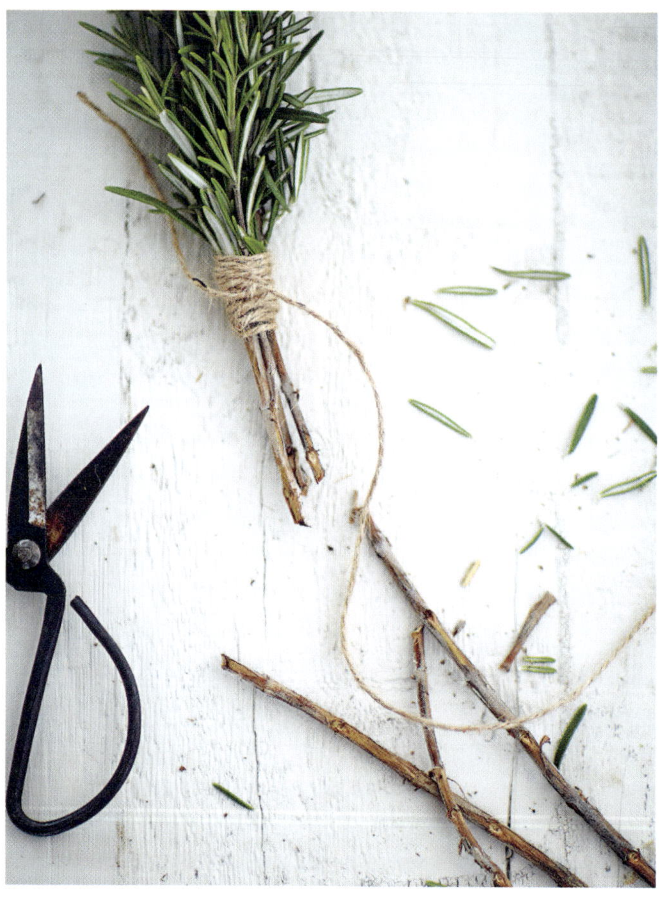

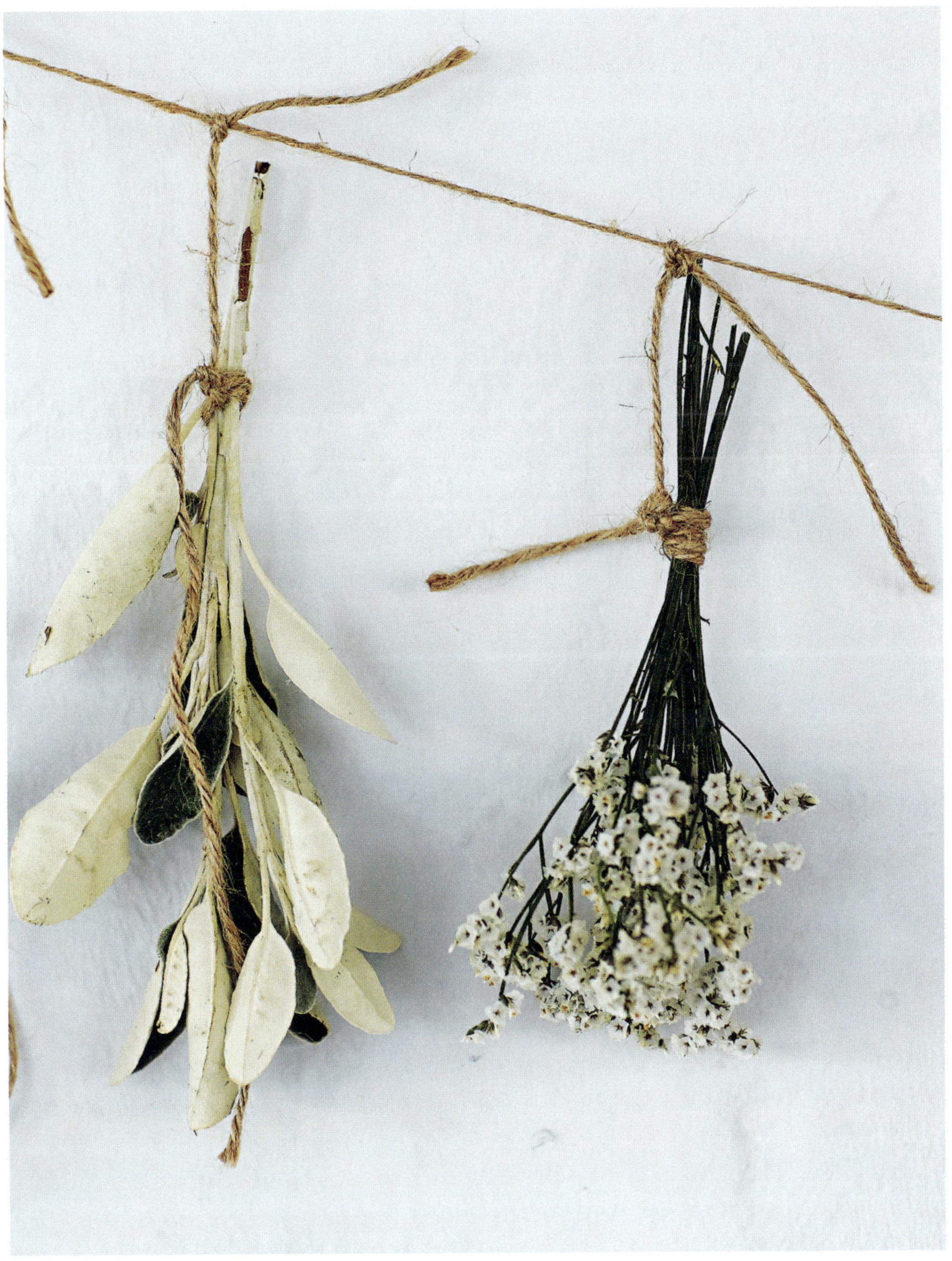

Herbstkranz

Knorrige Zweige mit bunten Blättern

Der Herbst ist Katies Lieblingsjahreszeit, und wir beide lieben saisonale Kränze. Wenn das Laub unter unseren Füßen raschelt und die Natur uns mit einer atemberaubend schönen Palette aus Gelb-, Orange-, Rot- und Brauntönen beglückt, sind wir in unserem Element. Der Herbst gibt uns die Gelegenheit, die Pflanzen, die wir sozusagen vor unserer Haustür finden, mit Blüten und Blättern zu kombinieren, die wir im Frühjahr und Sommer konserviert haben. Zusammen ergeben sie die perfekten Zutaten für einen leuchtend bunten Herbstkranz.

Mit seinen satten Farben und knittrigen Texturen spielgelt dieser Kranz den Herbst in all seinen Facetten wider. Er erinnert an lange Spaziergänge durch herabsegelndes Laub, lässt vor unserem inneren Auge nackte, bizarre Zweige auftauchen, die trotzig das letzte Blatt des Sommers festhalten. Der Kranz sieht überall hübsch aus, besonders aber über einem Kamin oder Sideboard.

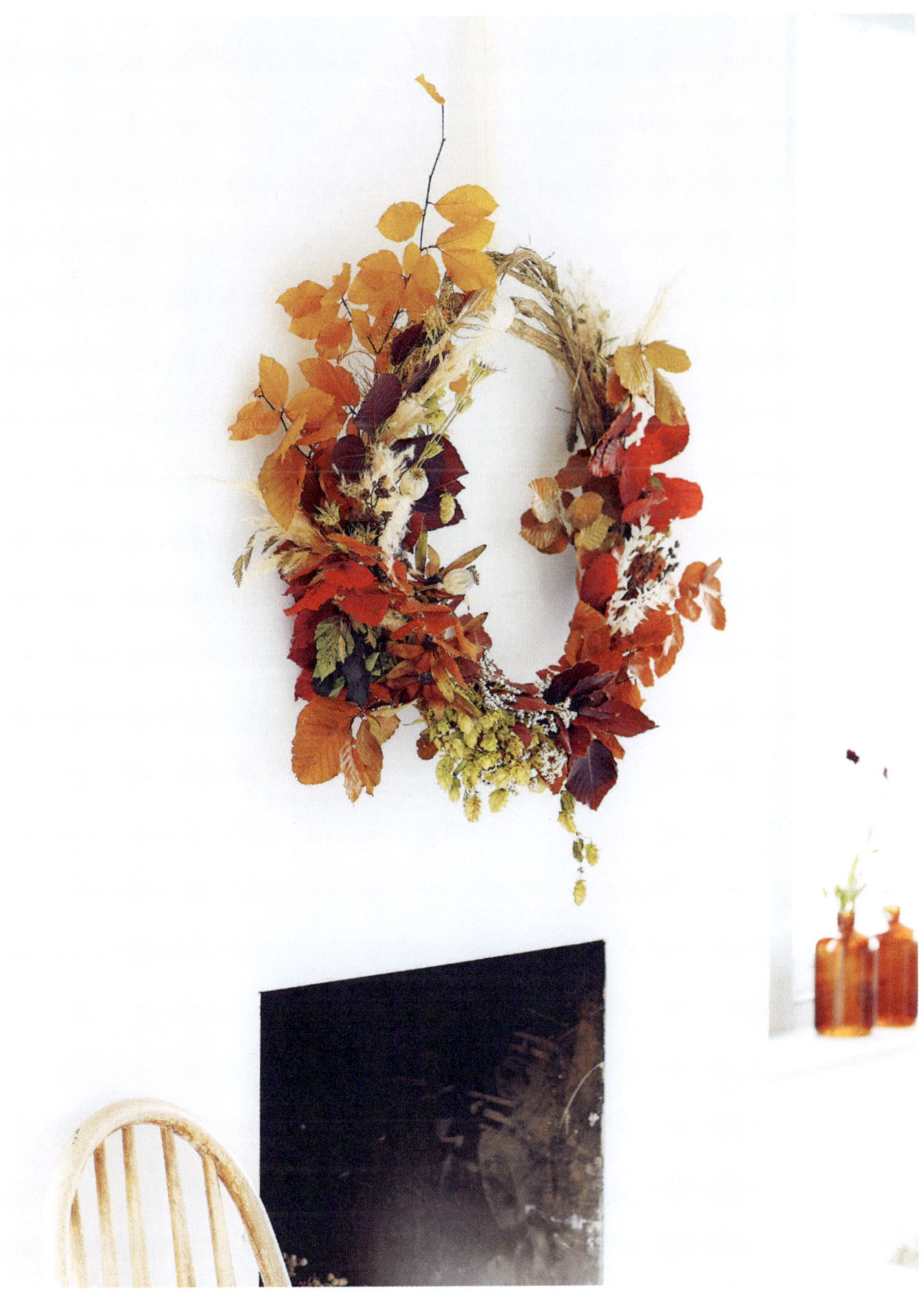

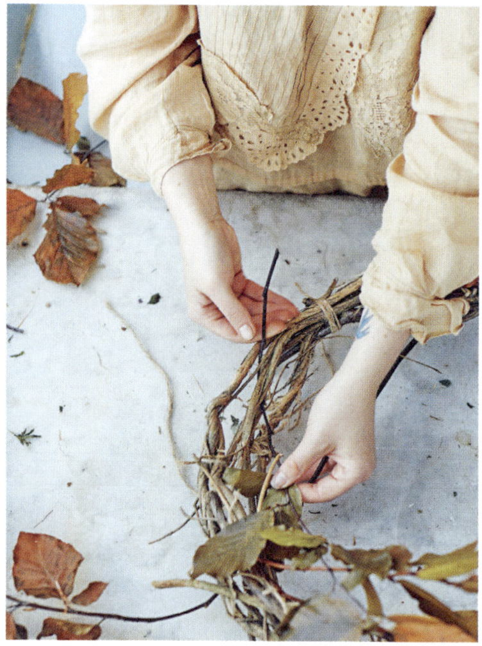

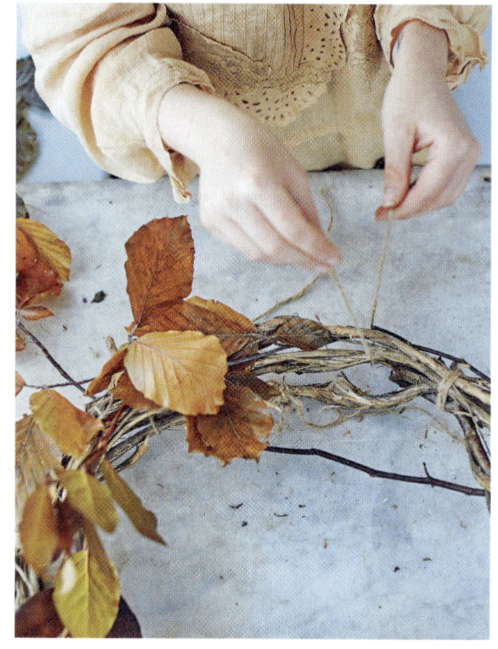

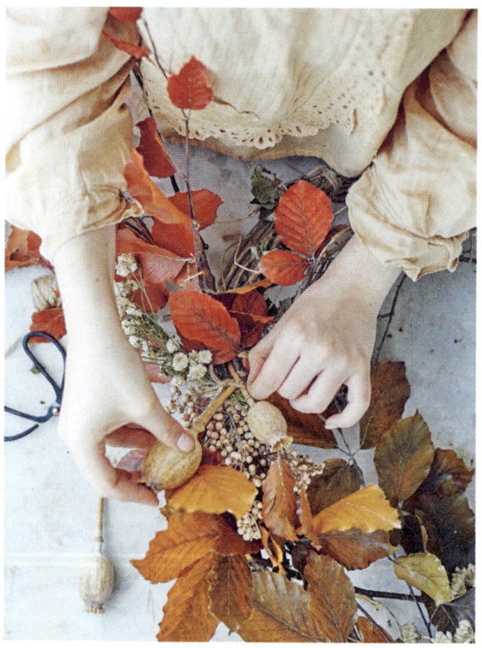

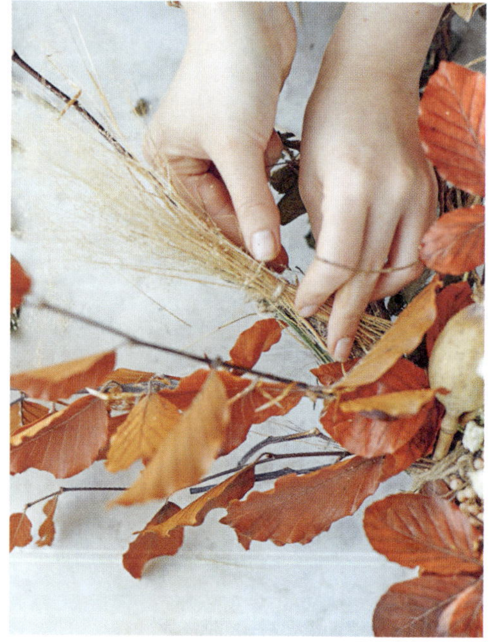

WERKZEUGE UND MATERIALIEN

Floristenschere
Schnur
1 Streifen Nesselstoff zum Aufhängen, 50 cm lang
Nagel

PFLANZENMATERIAL

1 Clematisranke für das Kranzgerüst
4 konservierte Buchenzweige mit Blättern
10 getrocknete Halme unterschiedlicher Gräser
1 getrockneter Zweig Schleierkraut
1 getrockneter Zweig Hopfen, 10 cm lang
1 getrockneter Pfefferzweig mit weiß gebleichten Früchten
1 getrocknete Mohnkapsel
2 Zweige konservierter weißer Mäusedorn
1 getrocknete Kugeldistel

1 Fertigen Sie aus der Clematisranke ein Kranzgerüst (siehe S. 20). Schneiden Sie die Buchenzweige auf eine Länge von etwa 50 cm, die Grashalme auf etwa 25 cm und die restlichen Stängel auf etwa 12,5 cm.

2 Sie können den Rohling aufhängen und das Pflanzenmaterial dann hinzufügen, wir empfehlen jedoch, den Kranz zum Binden auf den Tisch zu legen und ihm nach dem Aufhängen nur noch den letzten Schliff zu geben. Am besten zuerst die größeren, längeren und stärker beblätterten Zweige an der Kranzbasis fixieren. Die optische Wirkung hängt davon ab, in welcher Richtung und in welchem Winkel sie angebracht werden. So erhalten Sie ein gutes Grundgerüst, in das Sie das restliche Material einfügen können.

3 Binden Sie als Erstes die Buchenzweige an der Clematisranke fest. Sie müssen an mehreren Stellen fixiert werden, damit sie fest sitzen. Beginnen Sie links oben, und fügen Sie dann rechts unten einen weiteren Zweig hinzu. Versuchen Sie dabei, die natürliche Form der Zweige schön zur Geltung zu bringen.

4 Fügen Sie die übrigen Zutaten außer den Gräsern und zarteren Blüten in beliebiger Reihenfolge hinzu. Dabei sollten Teile der Ranke sichtbar bleiben. Wünschenswert ist eine interessante Mischung unterschiedlicher Strukturen.

5 Achten Sie ebenfalls auf das Zusammenspiel der Farben. Hier haben wir uns für einen Verlauf von (im Uhrzeigersinn) Dunkelorange über Rostbraun, Mahagoni und Hellgelb zurück zu Rostbraun, Dunkelorange, Mahagoni und hellem Gold entschieden.

6 Zum Schluss fügen Sie die Gräser, den Hopfen und das Schleierkraut hinzu. Sie können in der Regel einfach festgesteckt werden. An unserem Kranz haben wir den Hopfen zusammen mit dem Schleierkraut am unteren Rand platziert, um einen zarten optischen Kontrapunkt zu setzen. Durch Hinzufügen der Gräser wird der Kranz wilder und erhält mehr Volumen. Für eine kompaktere Wirkung müssen Sie die Gräser etwas einkürzen. Zum Schluss schneiden Sie alle heraushängenden Fadenenden ab. Bringen Sie den Nesselstreifen an, und hängen Sie den Kranz daran auf. Nun können Sie entscheiden, ob Sie noch ein paar Zweiglein hinzufügen möchten.

TIPPS

* Die Zeit bleibt nicht stehen, und bald geht der Herbst in den Winter über. Sie können den Kranz immer wieder mit neuem Laubwerk und anderen Schätzen aus der Natur auffrischen, sodass er den Lauf der Jahreszeiten widerspiegelt. Er ist ein tolles Mitbringsel, das – an die Tür oder ins Fenster gehängt – Gäste und Passanten erfreut.

* Sofern Sie diesen Kranz außen an der Hauseingangstür anbringen möchten, sollten Sie stürmische Herbsttage einkalkulieren. Möglicherweise müssen Sie das Blattwerk fester zusammenbinden und anstelle der empfindlichen Gräser robustere Pflanzen wählen.

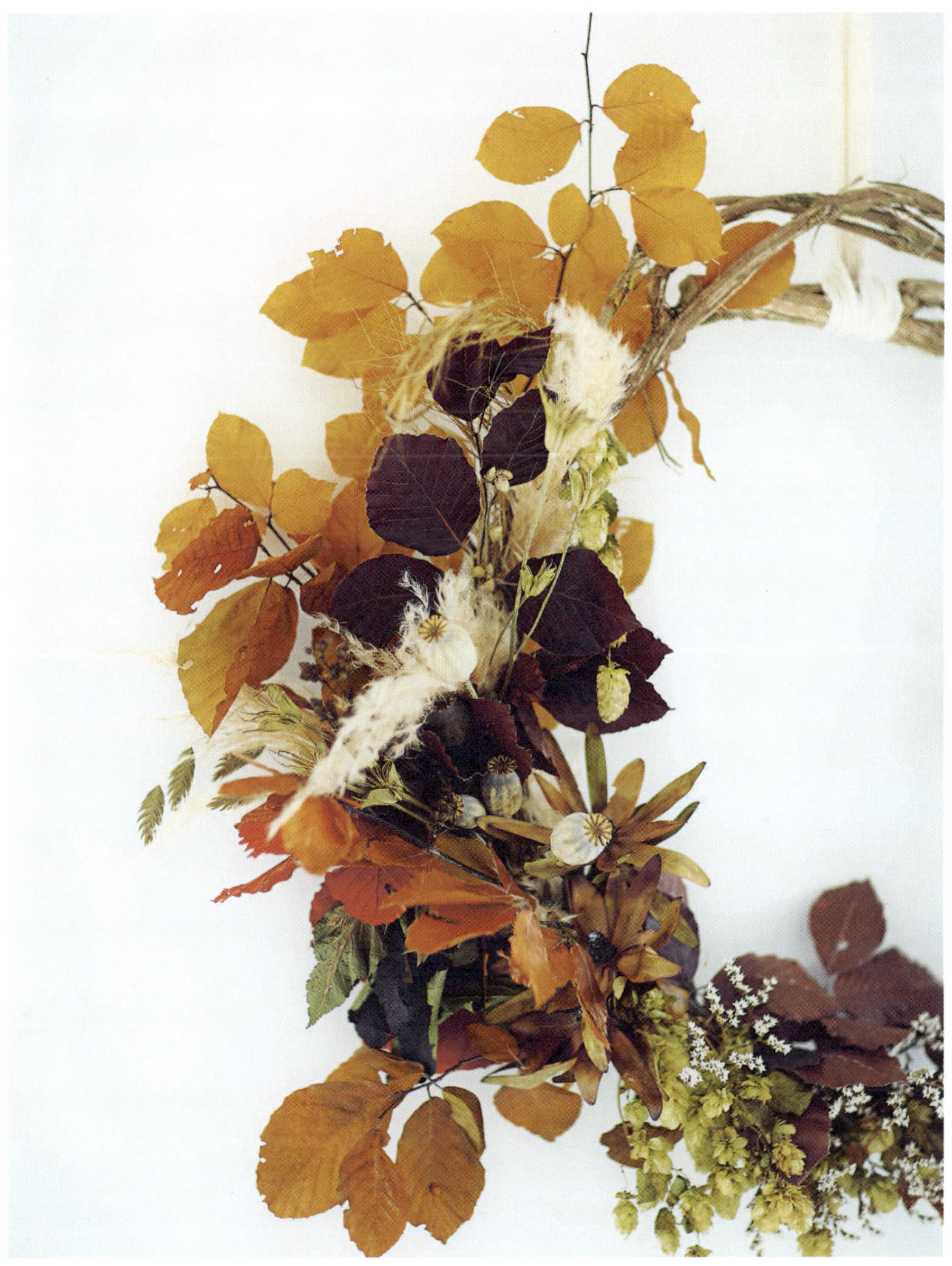

Weihnachtliches

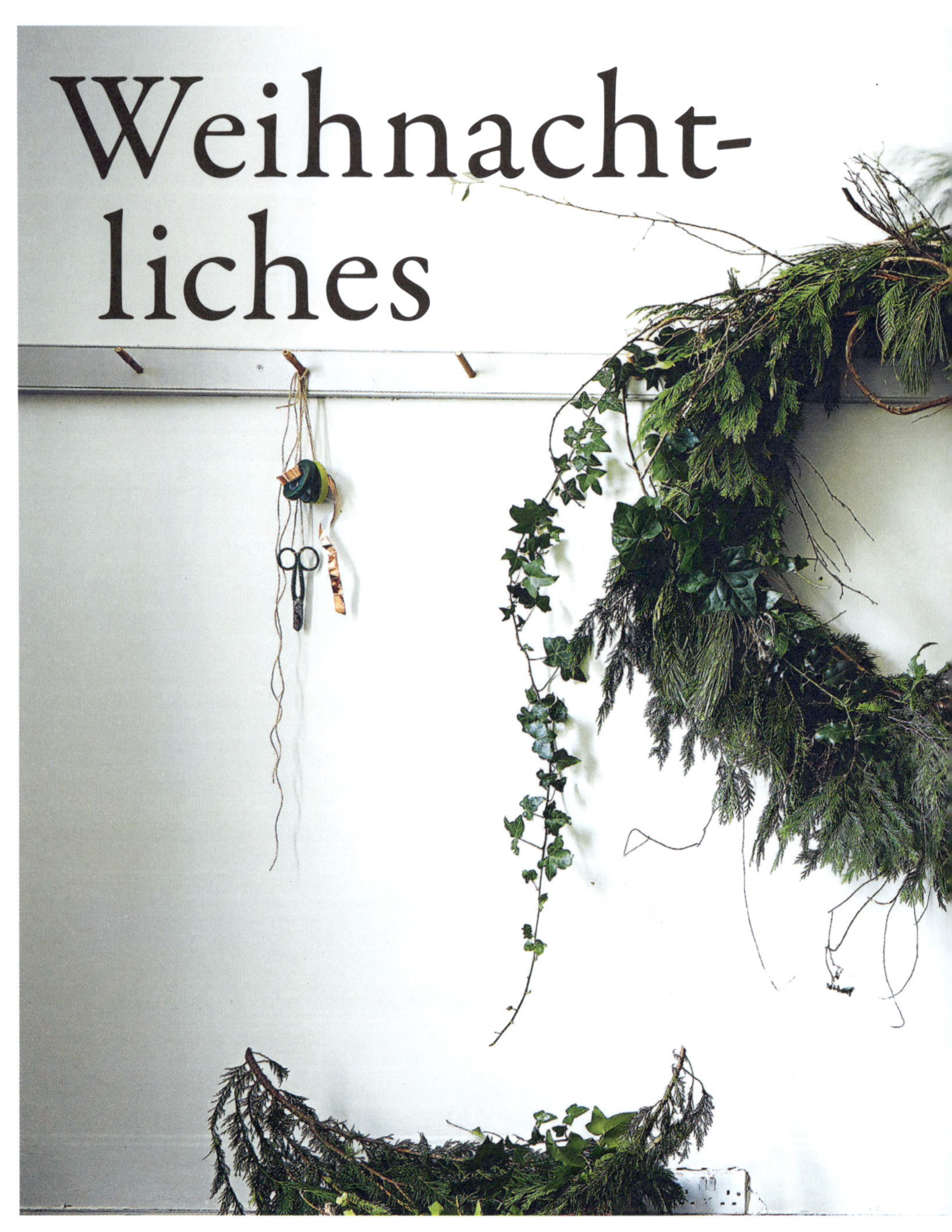

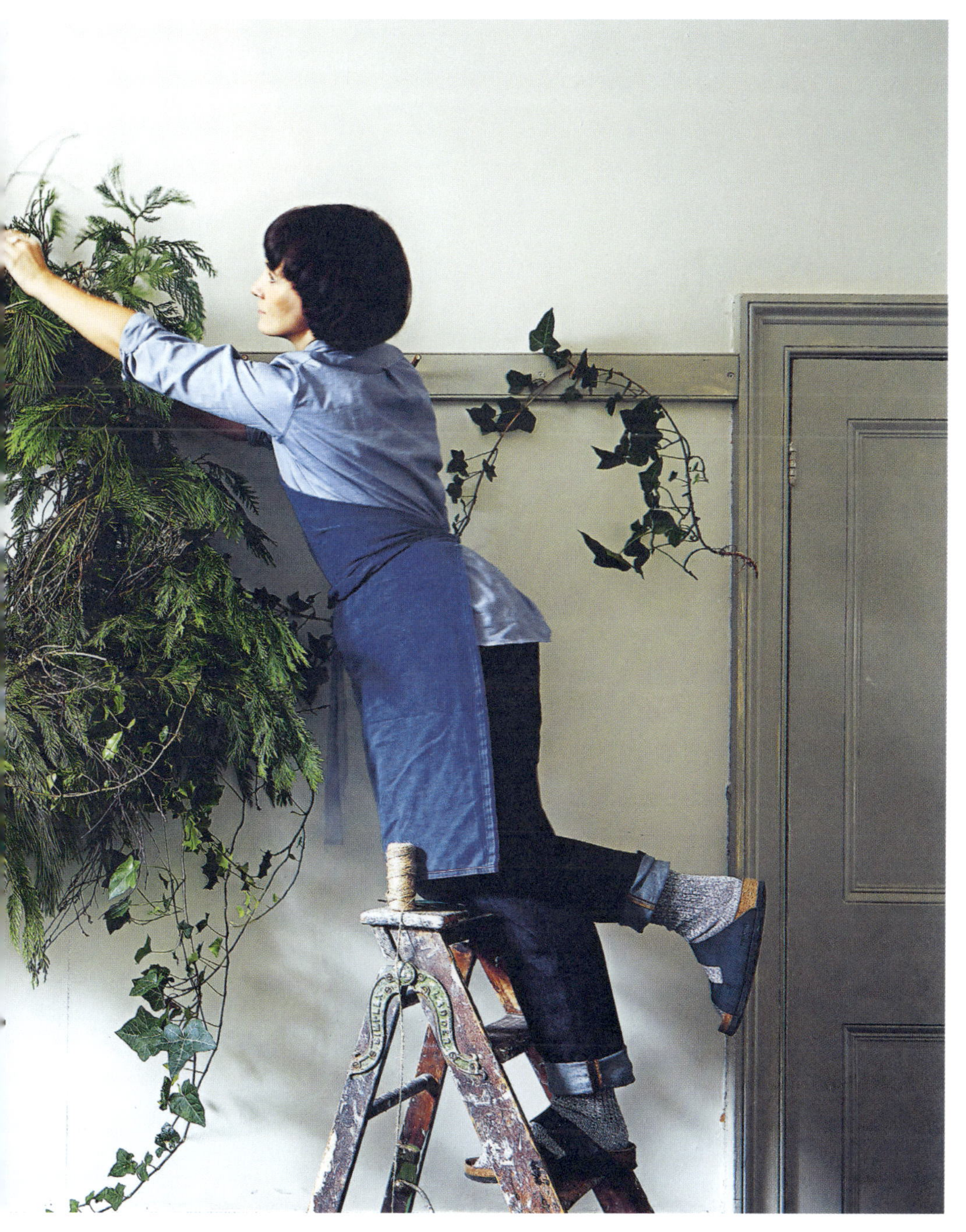

Sechs Projekte für das Jahresende

Weihnachtlicher Pflanzenschmuck zum Jahresausklang

Für uns Florist:innen beginnt die Weihnachtszeit im Juli. Da fangen wir an, Tannenbäume auszusuchen und Kränze für die Fotoshootings der Magazine zu binden, die ihre Winterausgaben vorbereiten. Bis Ende Dezember kommt da einiges zusammen.

Kränze gab es schon in der Antike. Im antiken Griechenland und im römischen Reich symbolisierten Lorbeer- oder Efeukränze den Status und die Verdienste einer Person. Erntedankkränze aus Weizen oder anderem Getreide hängte man in der Hoffnung auf eine weitere gute Ernte an die Haustür.

Mit Adventskränzen läuten wir traditionell die Weihnachtszeit ein. Sie sind inzwischen in vielen Ländern verbreitet und hellen mit ihrem Lichterglanz nicht nur die dunkelsten Tage des Jahres auf, sondern stimmen auch auf das bevorstehende Weihnachtsfest ein.

Wir sind davon überzeugt, dass ein Kranz, der in der Weihnachtszeit an die Haustür gehängt wird, die Persönlichkeit der Hausbewohner:innen widerspiegelt. „Schaut, wer hier wohnt", scheint er – ob absichtlich oder unabsichtlich – Passant:innen lautlos zuzurufen. Wir lieben es daher, durch die Straßen unseres Viertels zu schlendern und darüber nachzudenken, wie wohl die Menschen sind, die hinter all den geschmückten Türen wohnen. Selbst gemachte Kränzen fallen dabei umso mehr ins Auge.

Alle Projekte dieses Buchs lassen sich durch die Verwendung saisontypischer Materialien wie Stechpalme, Efeu, Mistel, Lorbeer oder Tanne für die Winterzeit adaptieren. Den meisten dieser Pflanzen können frostige Temperaturen nichts anhaben.

Auch alle anderen Pflanzen, die Sie in den vergangenen Monaten getrocknet haben, können Sie für Ihren Weihnachtskranz verwenden. Er wird dann noch spektakulärer und interessanter aussehen. Und scheuen Sie sich nicht, mit Goldspray, Glitter und Bändern kreativ zu werden. Die Suche nach weihnachtlicher Kranzdeko in Form von Zapfen oder Beeren kann großen Spaß machen, nur beim Hantieren mit Stechpalmenzweigen sollten Sie aufpassen und Handschuhe tragen!

Ein selbst gemachter Kranz ist ein tolles, von Herzen kommendes Geschenk. Jeder weiß es zu schätzen, wenn jemand Zeit und Mühe aufwendet, um mit den eigenen Händen etwas zu schaffen. Und wenn Sie schon Anfang Dezember alle Geschenke an der Tür hängen haben, wird Ihnen der übliche Last-Minute-Weihnachtsstress erspart bleiben.

Wenn Sie einen Weihnachtskranz für Sie selbst oder Ihre Familie binden, bietet es sich an, Blumen und Blattwerk einzuflechten, die Ihre Hoffnungen und Träume für das kommende Jahr zum Ausdruck bringen. (Anregungen finden Sie bei Bedarf im Internet unter dem Stichwort „Blumensprache".) Lassen Sie Ihre Familie am Bastelspaß teilhaben – das schweißt zusammen, und wenn jede:r etwas beisteuert, können beim Nachhausekommen alle stolz auf sich sein.

Großer Weihnachtskranz

Die Alternative zum Weihnachtsbaum

Wir leben in der Großstadt, und wie Sie sich sicher vorstellen können, sind unsere kleinen Wohnungen so mit Pflanzen vollgestopft, dass zur Weihnachtszeit kein Platz für einen Weihnachtsbaum bleibt. Schließlich sind wir Floristinnnen. Zum Glück gibt es eine Alternative: ein riesiger Kranz aus Kiefern- und Zypressenzweigen. Genau wie ein Tannenbaum erfüllt er die Wohnung mit einem köstlichen weihnachtlichen Duft, und wer mag, kann ihn sogar mit kleinen Lichterketten schmücken.

Zweige von Nadelgehölzen bleiben auch ohne Wasser relativ lange frisch; wenn Sie den Kranz also Anfang Dezember aufhängen, sollte er problemlos bis Weihnachten durchhalten. Sie können auch andere Materialien als die vorgeschlagenen verwenden. Wir haben zu den Nadelholzzweigen Stechpalme und Efeu aus dem Garten sowie im Park aufgelesene dünne, kahle Zweiglein hinzugefügt, mit denen sich der Kranz zum Fest so prächtig und feierlich wie möglich präsentiert.

Zum Fixieren des Pflanzenmaterials haben wir Schnur verwendet. Kleinere Zweige können dann einfach unter die Schlaufen gesteckt werden. Blumendraht hat den Nachteil, dass die meisten Zweige zusätzlich angedrahtet werden müssen. Wenn Sie mögen, können Sie nach derselben Anleitung aus Kiefernzweigen einen kleineren Türkranz fertigen. Letzten Endes ist es aber seine schiere Größe, die diesen Kranz so spektakulär macht.

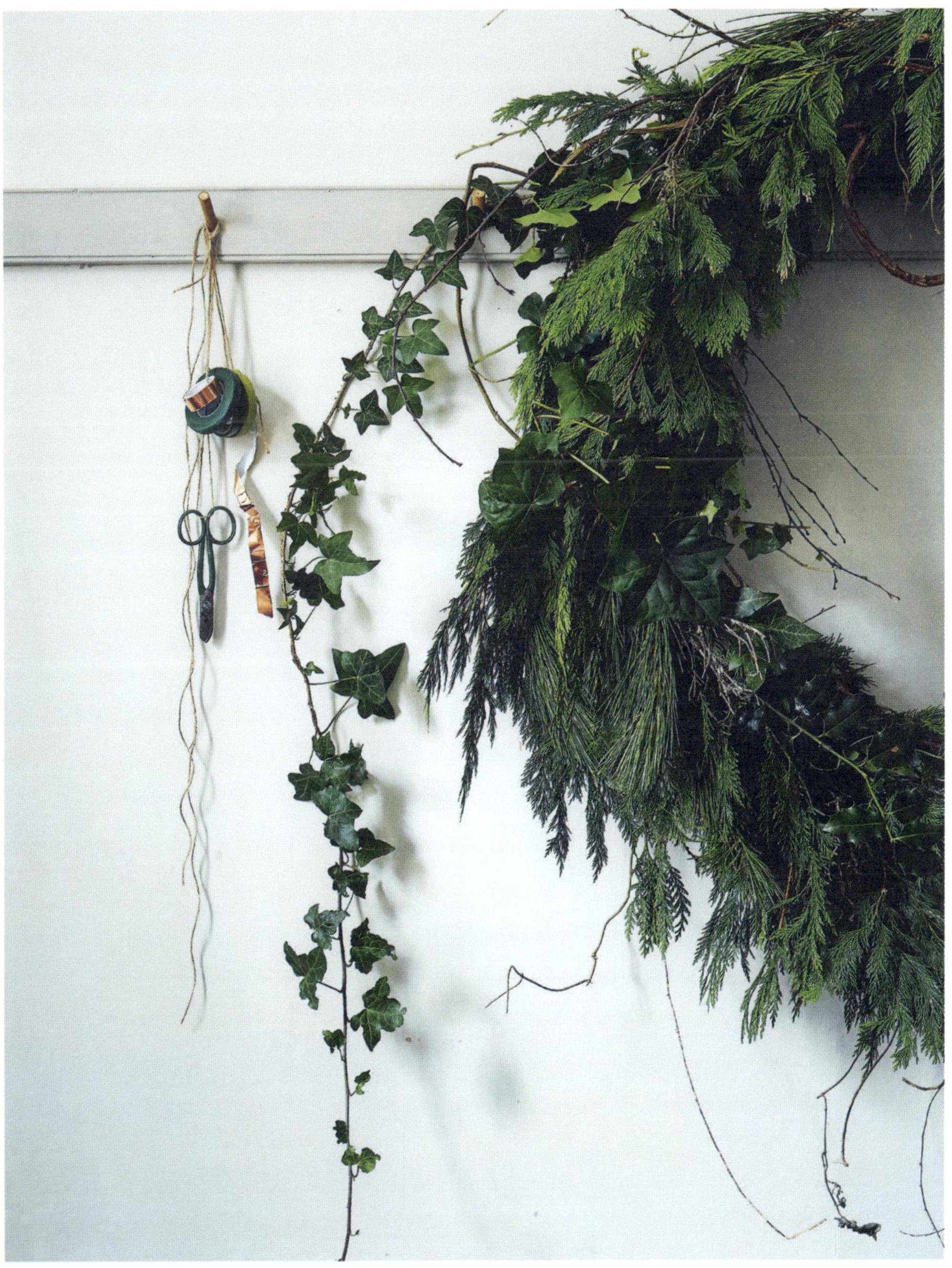

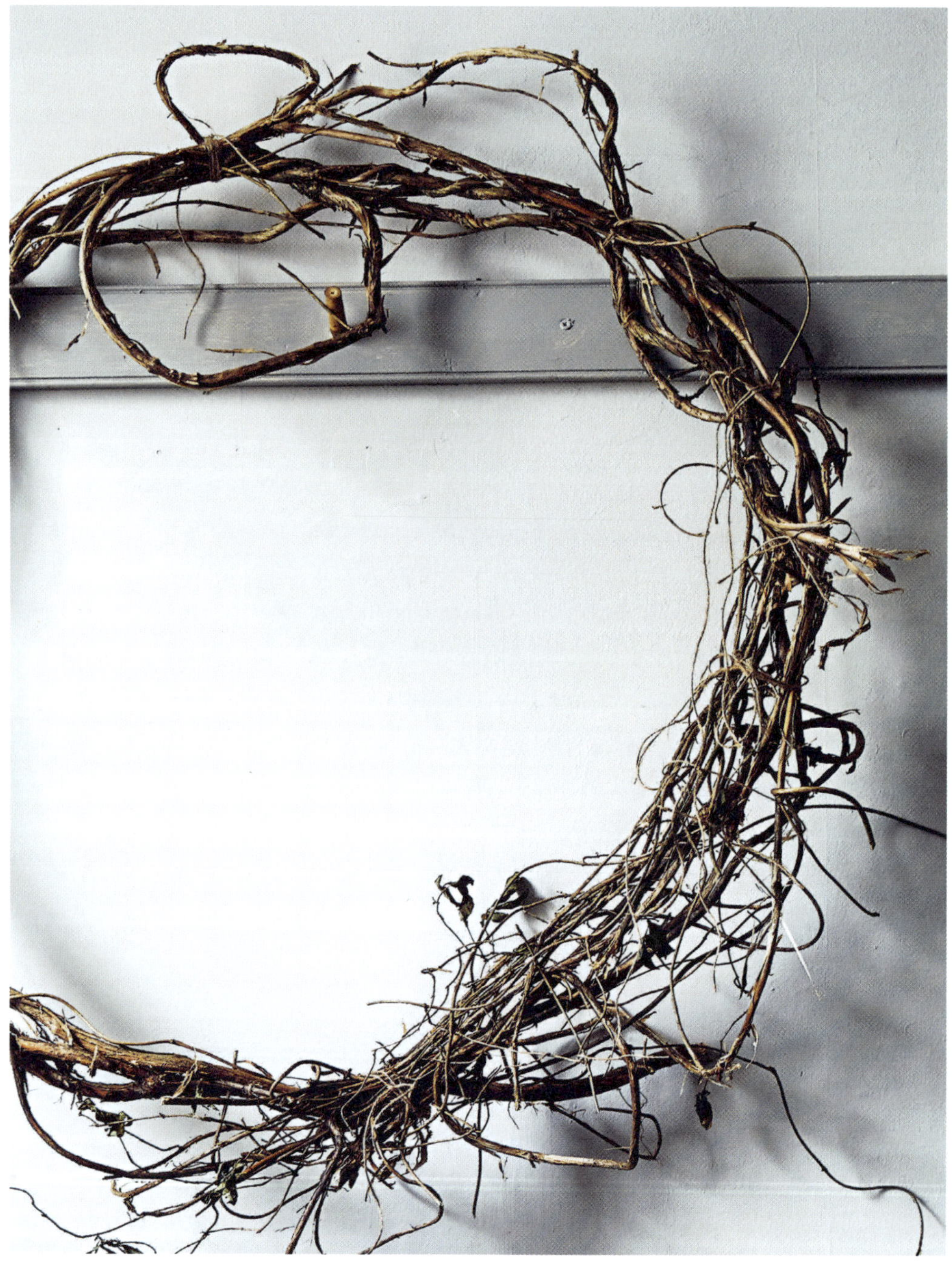

WERKZEUGE UND MATERIALIEN

Schnur
Floristenschere
ggf. großer Nagel oder Haken zum Aufhängen
ggf. Blumendraht

PFLANZENMATERIAL

1 Weidenranke, 2 m lang
4 Zweige Stechpalme, jeweils 15 cm lang
4 lange Efeuranken
15 Zweige einer Zypresse oder anderen immergrünen Pflanze, jeweils 20 cm lang
15 Waldkiefernzweige, jeweils 20 cm lang
6 dünne Zweiglein, je verzweigter, desto besser

1 Schlingen Sie die Weidenranke zu einem Ring mit etwa 1 m Durchmesser (siehe S. 20). Sie können den Kranz auf einer ebenen Arbeitsfläche oder auf dem Fußboden binden, besser ist es jedoch, den Rohling irgendwo aufzuhängen, wo Sie von allen Seiten freien Zugang dazu haben. Beachten Sie, dass der Kranz am Ende ziemlich viel Gewicht auf die Waage bringt.

2 Fixieren Sie die Zypressen- und Kiefernzweige entgegen dem Uhrzeigersinn an der Weidenranke. Beginnen Sie links unten, wickeln Sie ein Stück Schnur um das Ende eines Zypressenzweigs und das Kranzgerüst, und binden Sie die Enden fest zusammen. Verdecken Sie die Schnur mit einem Kiefernzweig, und knoten Sie ihn ebenfalls fest. Fahren Sie auf diese Weise fort, und fügen Sie abwechselnd Zypressen- und Kiefernzweige hinzu, bis alle Zweige verbraucht sind. Die Weidenranke sollte dann kaum noch zu sehen sein.

3 Der Kranz wirkt in diesem Stadium schon recht üppig. Soll er noch prachtvoller und wilder ausschauen, flechten Sie einfach in der gleichen Richtung eine zweite Lage Zweige ein. Diese Zweige müssen Sie nicht einzeln anbinden; dehnen Sie einfach mit den Fingern die bereits vorhandenen Schnüre, und schieben Sie die Zweigenden so darunter, dass sie fest sitzen. Kommt irgendwo ein Stück Schnur zum Vorschein, ziehen Sie etwas Grün darunter hervor, um die Stelle zu kaschieren. Wenn Sie den Kranz an einer bestimmten Stelle üppiger gestalten, z. B. unten rechts, wie auf den Bildern zu sehen, schaffen Sie damit einen Schwerpunkt, der den Blick unweigerlich auf sich zieht.

4 Fügen Sie an verschiedenen Stellen Stechpalmen- und Efeuzweige hinzu; die unterschiedlichen Grüntöne und Blattstrukturen verleihen dem Kranz ein noch interessanteres Aussehen. Kleine Zweige unterstreichen den Eindruck von Urwüchsigkeit.

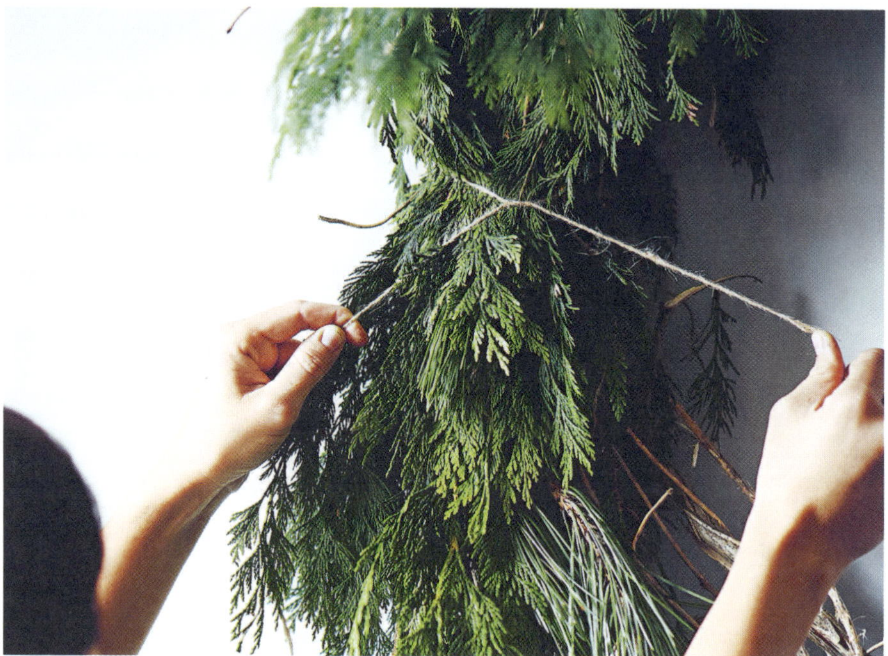

Für ein harmonisches Gesamtbild das gesamte Material in derselben Richtung anbringen.

5 Hängen Sie den Kranz einfach direkt oder mit einer Schnur oder einem Draht versehen an einen stabilen Haken. Wenn Sie mögen, können Sie die Efeuranken zum Schluss noch schön drapieren – z. B. über weitere Wandhaken wie hier.

TIPPS

* Dieser Kranz ist alles andere als ein Leichtgewicht. Überprüfen Sie vor dem Aufhängen, ob der vorgesehene Haken stabil genug ist.

* Kurz vor dem Fest können Sie einen Mistelzweig in den Kranz stecken. Die weißen Beeren heben sich vor dem dunkelgrünen Hintergrund schön ab, und der Zweig soll Paaren, die sich an Weihnachten darunter küssen, Glück bringen.

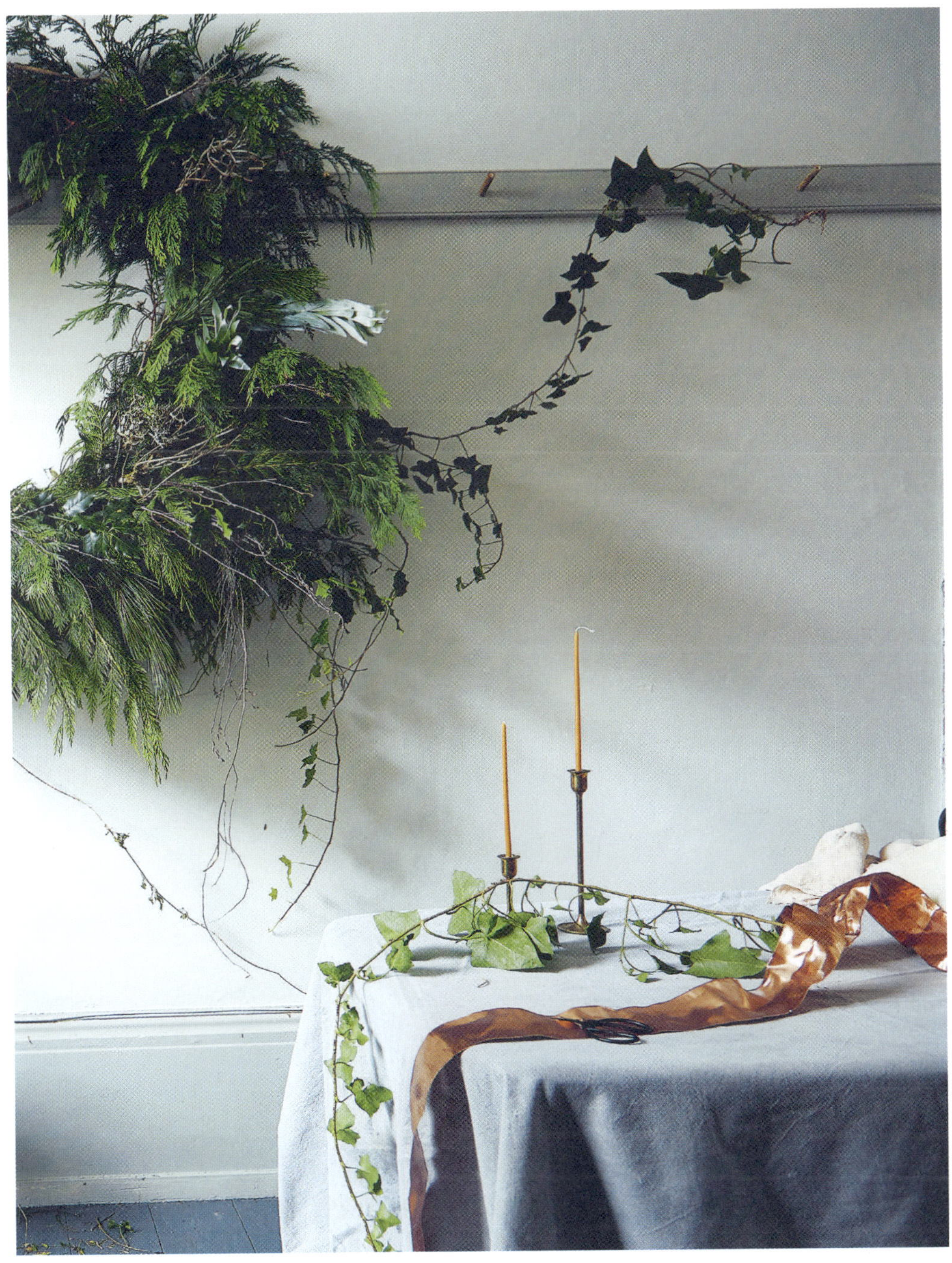

Miniaturkränze

Geschenke mit persönlicher Note

Es ist nicht immer leicht, Geschenken eine persönliche Note zu geben, aber mit kleinen Kränzen ist das Problem schnell gelöst. Ein Minikranz verleiht einem Weihnachtspäckchen einen Hauch von Exklusivität und Eleganz, und der oder die Beschenkte kann ihn später einfach an der Packschnur ans Fenster oder an die Tür hängen, anstatt ihn mit dem restlichen Verpackungsmüll zu entsorgen.

Minikränze sind in Windeseile fertig und sehen auch als Tischdekoration oder an eine Stuhllehne gebunden wunderhübsch aus. Sie sind perfekte Gastgeschenke für eine Winterhochzeit oder ein Silvesterdinner.

Basteln Sie gerne im Familien- oder Freundeskreis? Dann sind Minikränze vielleicht genau das Richtige für Sie. Die hier vorgestellten Exemplare sind schlicht und unaufwändig gestaltet, bieten jedoch Raum für jede Menge kreative Ideen. Schmücken Sie Ihre Kränze so üppig, wie Sie möchten, fügen Sie weihnachtliches Tannengrün oder Efeu oder einen Mistelzweig hinzu, falls Ihnen der Empfänger oder die Empfängerin besonders am Herzen liegt.

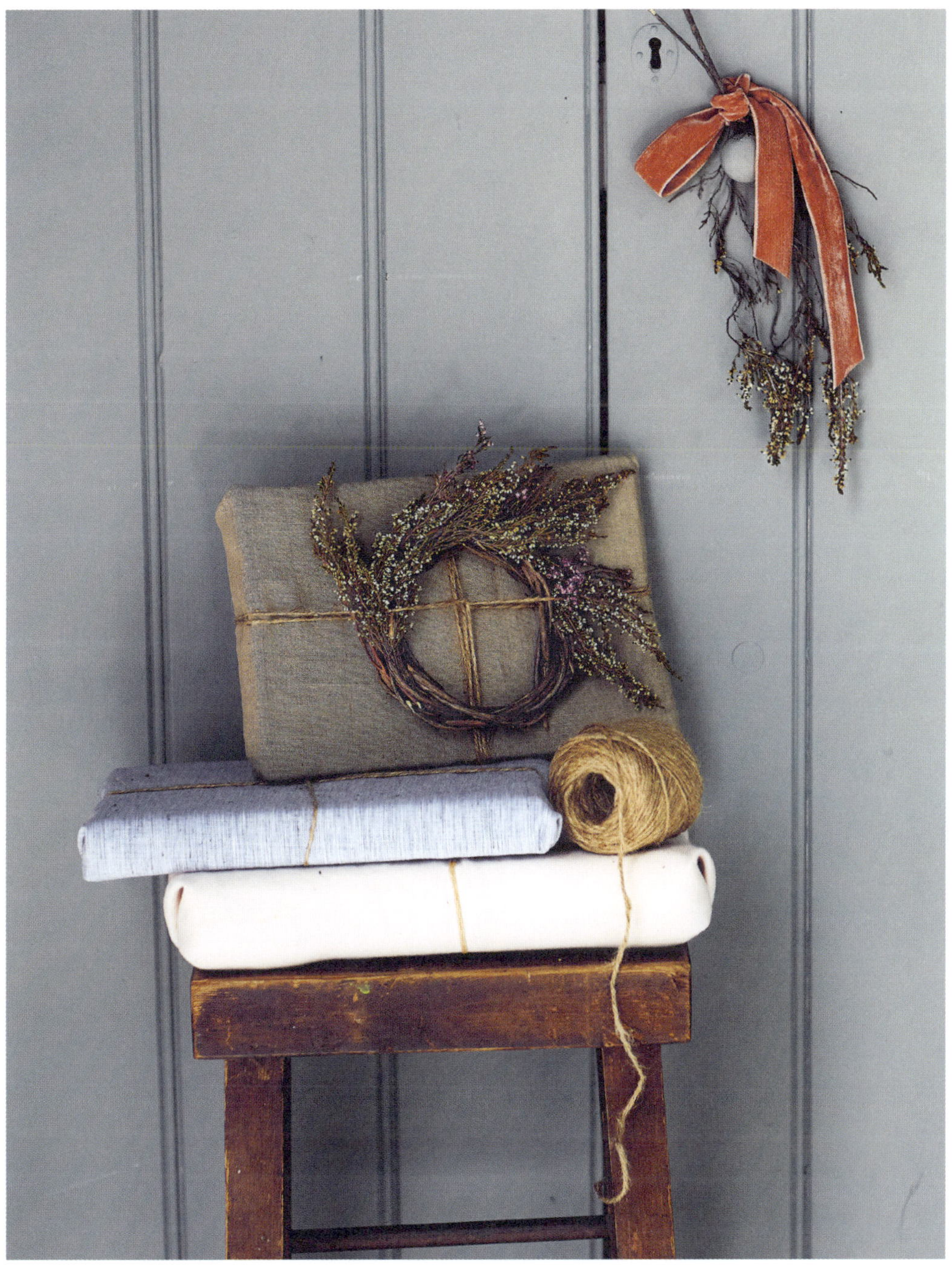

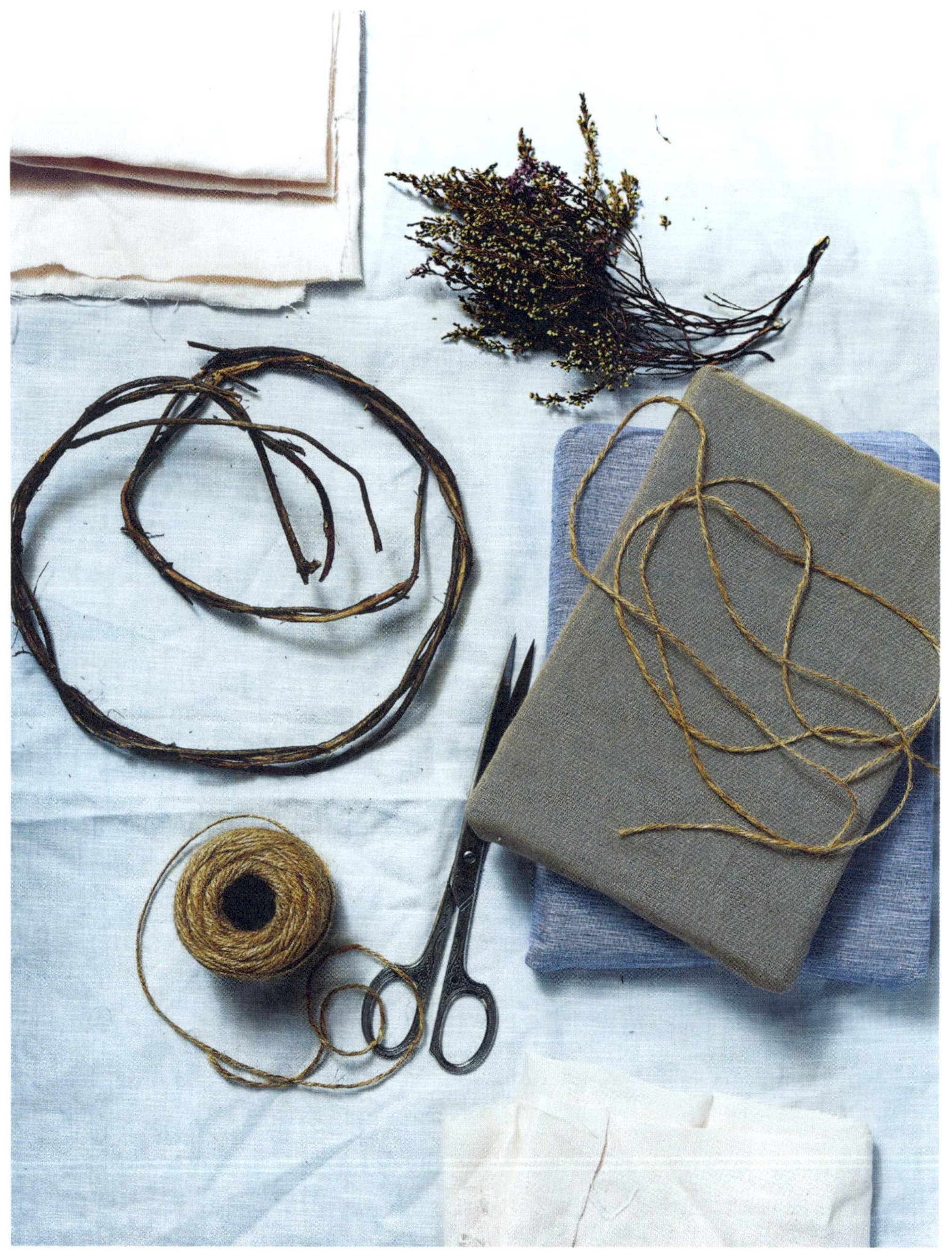

WERKZEUGE UND MATERIALIEN
Schnur
Schere

PFLANZENMATERIAL
1 Clematisranke, 50 cm lang, für die Kranzbasis
5 Zweige getrocknetes Heidekraut oder andere getrocknete Blumen wie Lavendel oder Schleierkraut

1 Fertigen Sie aus der Clematisranke eine Kranzbasis (siehe S. 20). Kleinere Rohlinge bleiben manchmal von selbst in Form, sodass sich das Zusammenbinden der Ranken womöglich erübrigt.

2 Schneiden Sie die Stiele Ihrer Trockenblumen auf eine Länge von 10–12,5 cm.

3 Stecken Sie die Zweige im Uhrzeigersinn zwischen das Rankengeflecht – damit sie von sich aus halten, muss das Geflecht relativ dicht sein.

4 Schneiden Sie auf der Rückseite des Kranzes alles weg, was von oben zu sehen ist oder stört, wenn man den Kranz hinlegt.

5 Verschnüren Sie das eingepackte Geschenk mitsamt dem Kranz.

TIPP
* Wir haben unsere Geschenke in irisches Leinen aus dem örtlichen Kurzwarengeschäft gewickelt. Nesselstoff oder braunes Kraftpapier sind ebenfalls eine gute Wahl.

Wichtelwerkstatt

Weihnachtsschmuck für jeden Geschmack

Die Weihnachtszeit ist für uns eine der arbeitsreichsten Zeiten des Jahres. Dann ist unser Atelier so übervoll mit Kränzen, dass wir uns wie in einer Wichtelwerkstatt vorkommen und sie unter die Decke hängen müssen, um nicht auf sie zu treten. Diese platzsparende Art der Aufbewahrung ist zwar aus der Not geboren, aber die schwebenden Kränze sehen so schön aus, dass wir uns gerne so lange wie möglich an ihrem Anblick erfreuen.

Sollten Sie über relativ große Räume verfügen, können Sie bei sich zu Hause ein ähnliches Arrangement kreieren. Ist der Platz beschränkt, bietet sich ein Ensemble aus vielen kleinen, gruppenweise angeordneten Kränzen an. Unabhängig von der Jahreszeit eignet sich eine solche Installation auch als Dekoration für eine Party. Verteilen Sie die Kränze als Gastgeschenke, wenn sich die Gäste auf den Heimweg machen.

Wenn Sie Spaß am Binden von Kränzen gefunden haben, heben Sie die Rohlinge auf, und tauschen Sie bei Bedarf einfach Blumen und Blattgrün aus. Diese besondere Art der Präsentation bietet sich geradezu an, um eigene Ideen zu zelebrieren.

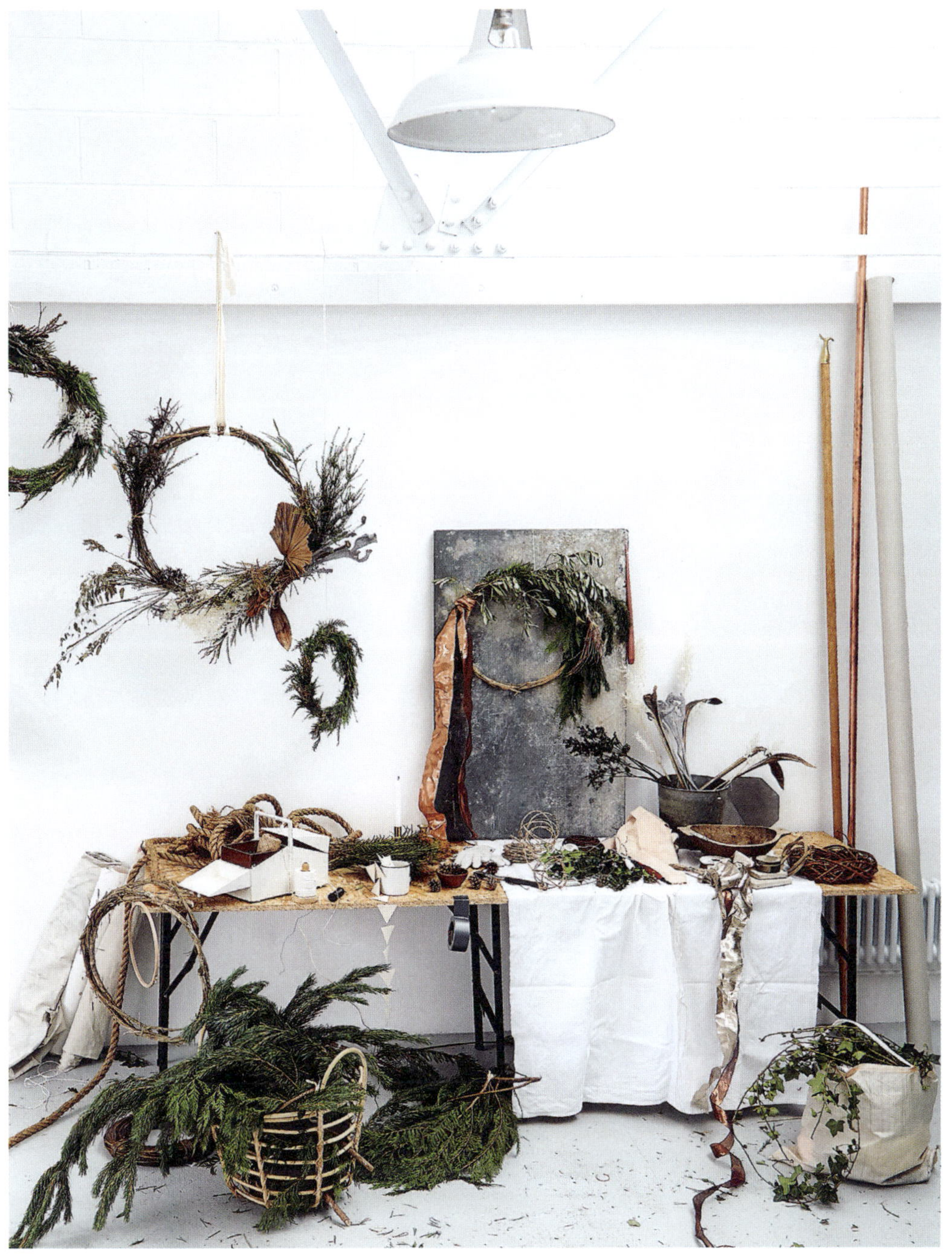

Einfacher Kranz aus Oliven-zweigen

WERKZEUGE UND MATERIALIEN

Schnur
Floristenschere
Farbspray für Blumen in Bronze oder Kupfer
2 schmale Streifen Leinenstoff zum Aufhängen der Kränze, je 1,5 m lang
bronzefarbenes Metallicband, 1 m lang
ggf. Nägel oder Schraubhaken für die Decke

PFLANZENMATERIAL

1 Clematisranke für die Kranzbasis, 60 cm lang
3 Samenkapseln von Jungfer im Grünen
4 kleine Zedernzweige
4 Olivenzweige

Die folgende Anleitung gilt für alle vier Kränze dieses Projekts; die Materiallisten finden Sie im Anschluss. Entscheiden Sie selbst, ob Sie alle Kränze oder nur einen oder eine bestimmte Anzahl für einen speziellen Anlass oder Platz anfertigen möchten.

1 Für alle folgenden Kränze – ob schlicht oder etwas aufwändiger – benötigen Sie einen Rohling aus Ranken (siehe S. 20).

2 Verwenden Sie zum Anbinden des Pflanzenmaterials an das Kranzgerüst Schnur. Jeder Kranz sollte einen (visuellen) Schwerpunkt erhalten, also z. B. auf einer Seite üppiger mit Blumen und Laub ausgestattet werden als auf der anderen. Glanzeffekte können Sie mit Bronze- oder Kupferspray setzen. Legen Sie die Zweige zum Besprühen auf ein Stück Zeitungspapier.

3 Sind alle Kränze fertiggestellt, überlegen Sie, wo Sie sie aufhängen möchten – beispielsweise an einem Deckenbalken (wie hier), an Deckenhaken oder an der Wand. Befestigen Sie zum Aufhängen Schnüre oder Bänder in den benötigten Längen an den Rohlingen. Wenn Sie genügend Platz haben, können Sie die Kränze in einer Reihe nebeneinander präsentieren. Ist der Platz beschränkt, arrangieren Sie sie besser in unterschiedlichen Höhen als Gruppe.

4 Sobald die Kränze hängen, werden Sie aus ein paar Schritten Entfernung deutlich sehen, ob Sie noch einmal Hand anlegen müssen: Vielleicht gibt es irgendwo noch eine Lücke, die sich mit einem zusätzlichen Zweig schließen lässt, oder Sie möchten das gesamte Ensemble durch Hinzufügen eines auffälligen Details aufpeppen. Wir haben unseren schlichten Kranz aus Olivenzweigen mit einem bronzefarbenen Metallicband festtagstauglich gemacht.

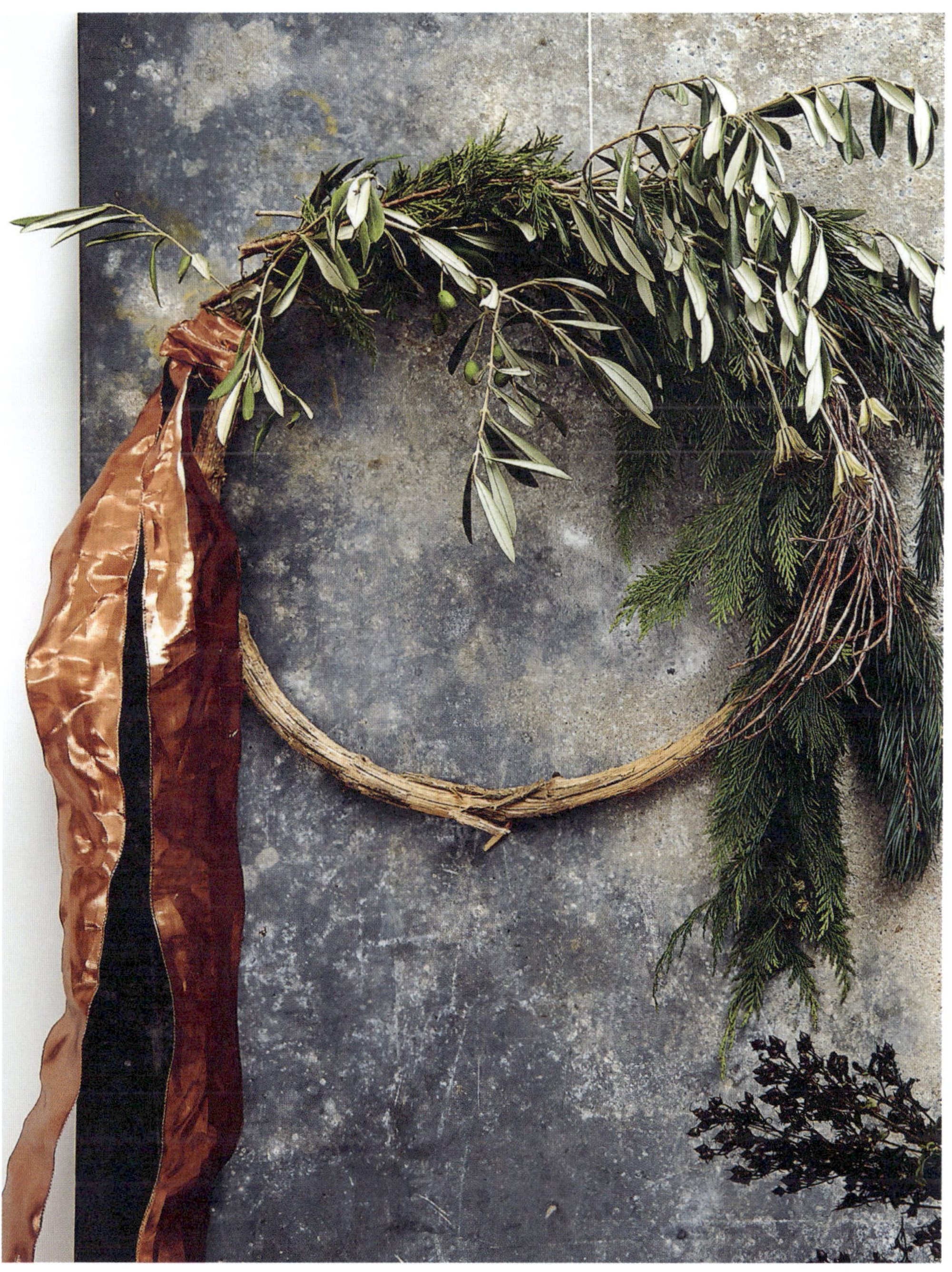

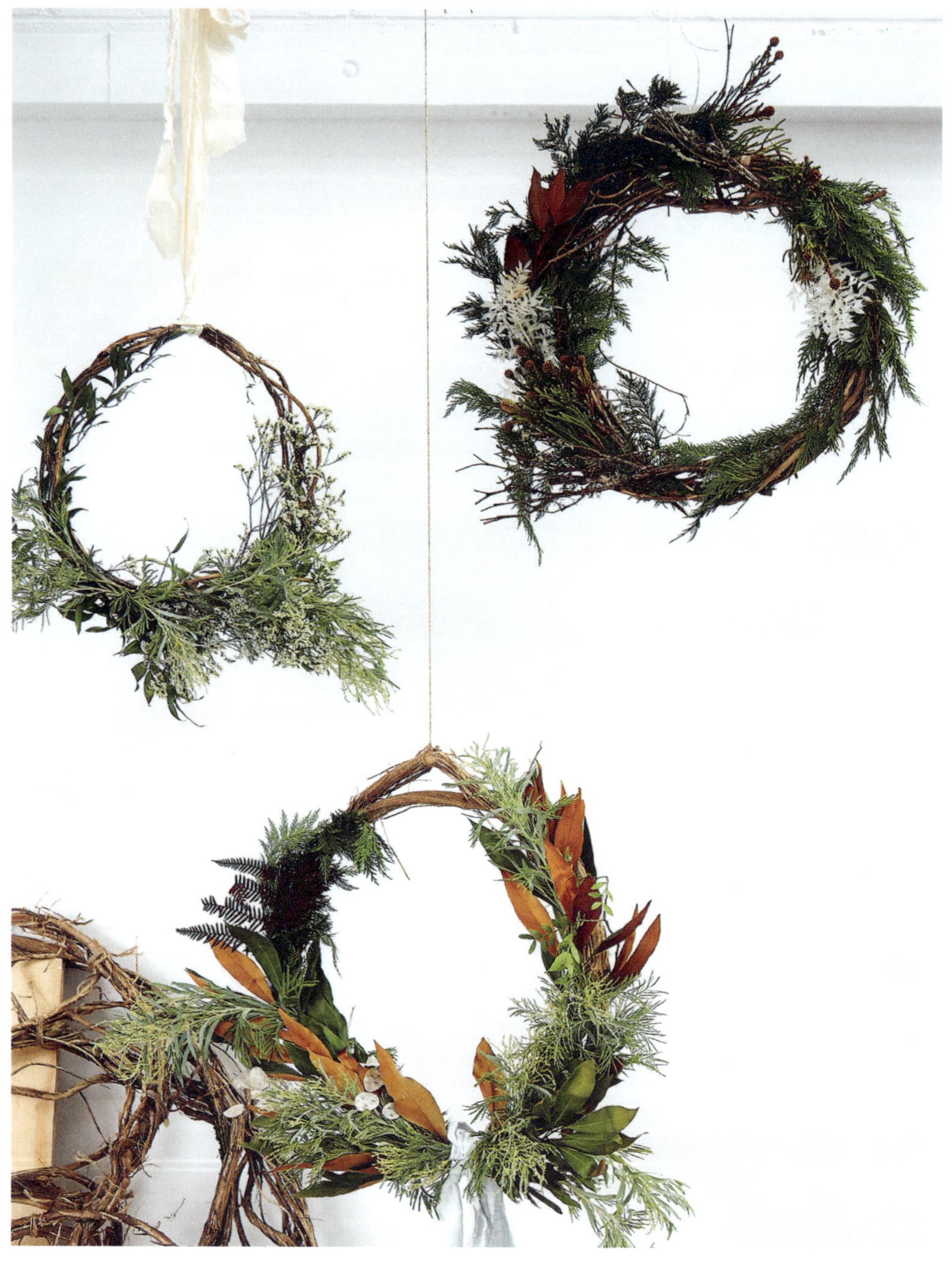

Mimosenkranz

Werkzeuge und Materialien

Schnur
Floristenschere
2 schmale Streifen Leinenstoff, je 1,5 m lang

Pflanzenmaterial

1 Clematisranke für die Kranzbasis, 30 cm lang
3 Stängel weißer Strandflieder
4 Mimosenzweige (Blattgrün)
2 Zweige Mäusedorn

Kranz aus Zedern und Mäusedorn

Werkzeuge und Materialien

Schnur
Floristenschere
2 schmale Streifen Leinenstoff, je 1,5 m lang

Pflanzenmaterial

1 Clematisranke für die Kranzbasis, 45 cm lang
1 Zweig voller Flechten
1 Kiefernzweig
7 kleine Zedernzweige
2 Zweige konservierter weißer Mäusedorn

Magnolienkranz

Werkzeuge und Materialien

Schnur
Floristenschere
2 schmale Streifen Leinenstoff, je 1,5 m lang

Pflanzenmaterial

1 Clematisranke für die Kranzbasis, 50 cm lang
1 Farnwedel, gepresst
1 Zweig getrocknetes Silberblatt
3 kurze Magnolienzweige (Blattgrün)
3 Mimosenzweige
5 kleine Zedernzweige

Pflanzenmaterial für Festtagskränze

Auch im Winter hat die Natur einiges zu bieten.

Alle Projekte in diesem Buch sind auch für weihnachtliche Varianten geeignet. Um die Haltbarkeit Ihrer Kreationen zu verlängern, können Sie zuerst feuchtes Moos auf eine Drahtunterlage binden und es alle paar Tage mit Wasser besprühen, um es feucht zu halten.

Gerade die Weihnachtszeit bietet sich zum Experimentieren mit Farbsprays an. Neben Schneeweiß sind Gold, Silber und Kupfer feste Bestandteile des traditionellen weihnachtlichen Farbspektrums. Dezent eingesetzt, zaubern sie die allerschönsten Effekte. Sie mögen es eher bunt? Nur zu, lassen sie Ihrer Fantasie freien Lauf. Sprühen Sie Trockenblumen, Gräser, Zweige, Tannenzapfen oder exotische Blätter in Ihren Lieblingsfarben ein, und verleihen Sie Ihren Kränzen dadurch das gewisse Etwas. Auch kleine Dekoelemente wie Glöckchen, Schleifen, Federn oder Christbaumkugeln lassen sich mit Draht oder Schnur leicht an Kränzen und Gebinden befestigen.

Ein weihnachtliches Gebinde an der Wand ist unter Umständen sogar ein adäquater Ersatz für einen Weihnachtsbaum, wenn es an Platz mangelt oder eine schlichte Dekoration gewünscht ist.

TIPPS

* Auch aus Blattgrün allein lassen sich zauberhafte Kränze gestalten.

* Besonders edel wirken Kränze, wenn sie an dekorativen Bändern aufgehängt werden. Stets eine gute Wahl sind Streifen aus Leinenstoff, Schnur und Metallic- oder Glitzerband.

* Wer keinen Weihnachtsbaum hat, kann kleine Lichterketten in Kränze einflechten.

Für Ihre Weihnachtskränze können Sie auch im Winter auf ein breites Angebot an langlebigen und immergrünen Pflanzen zurückgreifen. Im Folgenden haben wir eine Liste mit einer kleinen – und hoffentlich inspirierenden – Auswahl unserer Lieblingspflanzen und -pflanzenteile zusammengestellt.

FRISCH
Akazienlaub
Amaryllis
Christrosen
Efeu mit Beeren
Eukalyptus
Gräser
Hagebutten
Hahnenfußgewächse
Herbstanemonen
Immergrüner Schneeball
Johanniskrautbeeren
Kiefernzweige
Korallenhülse
Lederfarn
Mannstreu
Misteln
Moos
Olivenlaub
Pistaziengrün
Rosmarin
Sprayrose 'Majolika'
Stechpalme
Tannenzweige
Wacholderbeeren
Australische Wachsblume
Weihnachtssterne
Zypressenzweige

GETROCKNET
Akazienblüten
Baumwollzweige
Eukalyptusfrüchte
Eukalyptuszweige
Hortensienblüten
Kapseln von Jungfer im Grünen
Kiefernzapfen
Lorbeerblätter
Mohnkapseln
Obstscheiben
Palmblätter
Pampasgras
Pfefferbeeren
Schleierkraut
Spanisches Moos
Strandflieder
Weidenzweige
Zimtstangen
Zweige mit Flechten

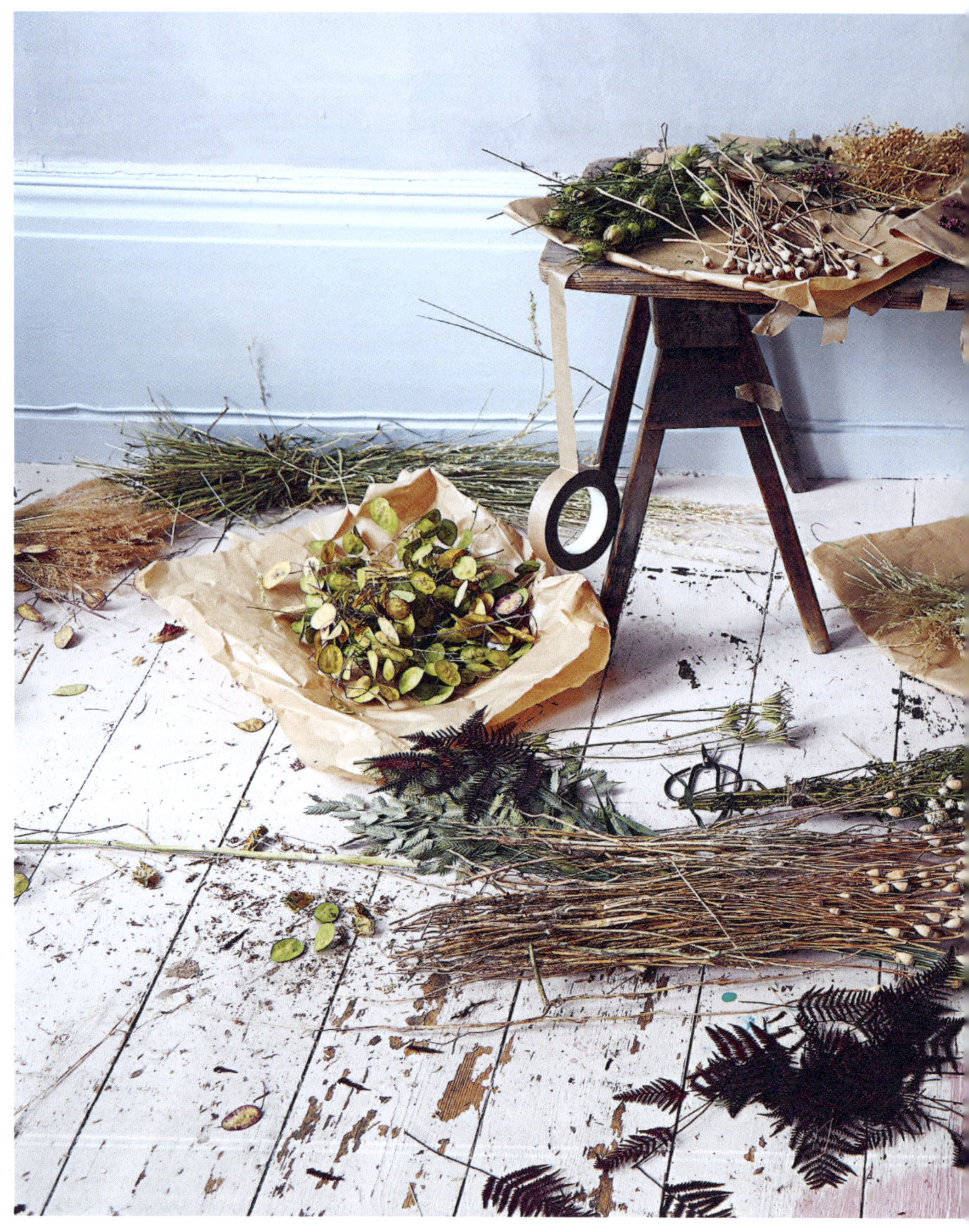

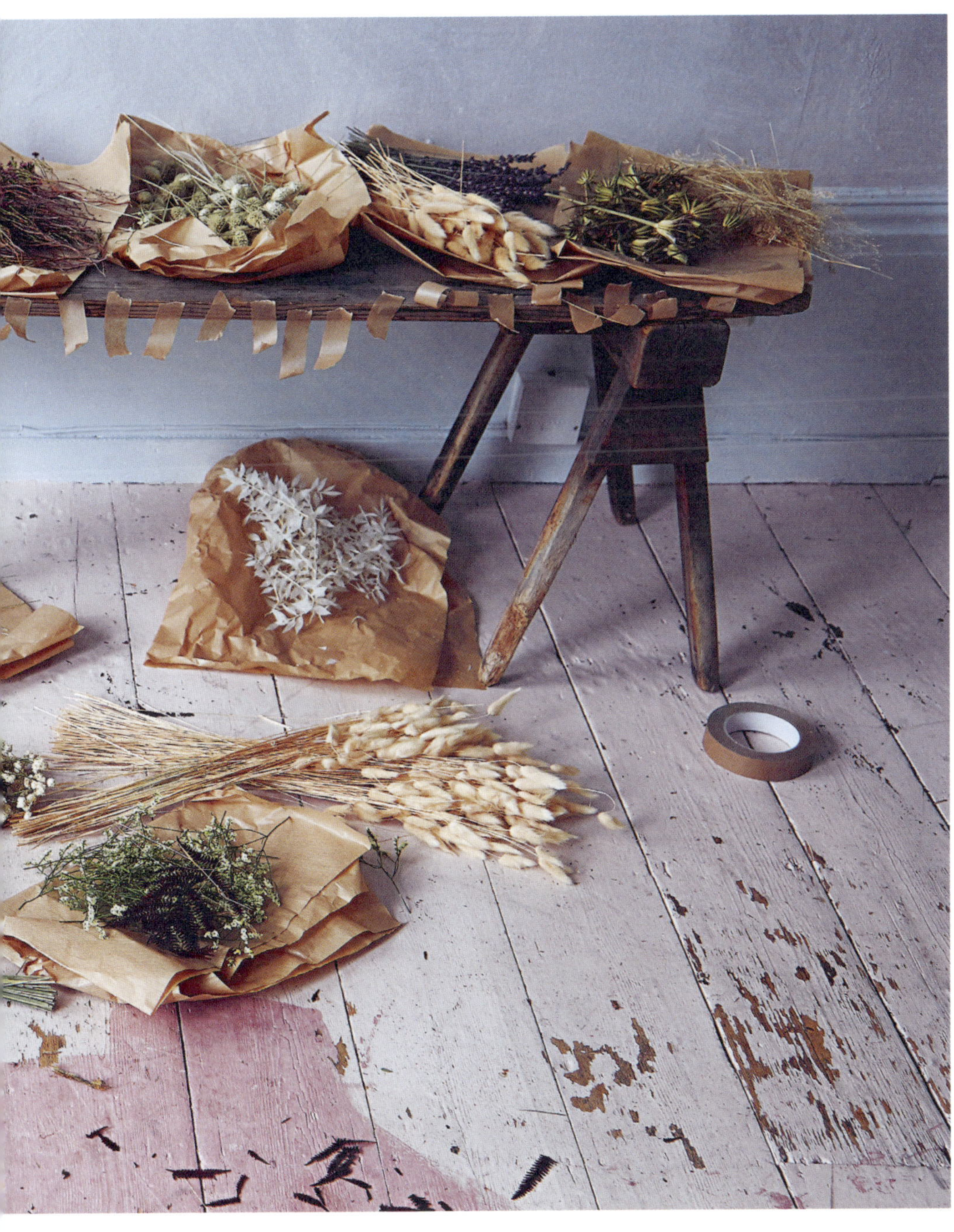

Glossar

Akazie *Acacieae*
Amaryllis *Amaryllis*
Artischocke *Cynara cardunculus* subsp. *scolymus*
Australische Wachsblume *Chamelaucium unicatum*
Banater Kugeldistel *Echinops bannaticus* 'Taplow Blue'
Basilikum *Ocimum basilicum*
Baumwolle *Gossypium*
Buche *Fagus*
Clematis, Waldrebe *Clematis*
Dahlie *Dahlia*
Echter Hopfen *Humulus lupulus*
Echter Thymian *Thymus vulgaris*
Edeltanne, Silbertanne *Abies procera*
Efeu *Hedera helix*
Eukalyptus *Eucalyptus*
Europäische Stechpalme *Ilex aquifolium*
Farn *Polypodiopsida*
Fenchel *Foeniculum vulgare*
Flechte *Lichen*
Flughafer *Avena fatua*
Frauenmantel *Alchemilla mollis*
Garten-Strohblume *Xerochrysum bracteatum*
Gewöhnliche Kratzdistel *Cirsium vulgare*
Goldgarbe *Achillea filipendulina* 'Parker'
Grüne Minze *Mentha spicata*
Hahnenfußgewächse *Ranunculaceae*
Heidekraut *Calluna vulgaris*
Hortensie *Hydrangea*
Immergrüner Schneeball *Viburnum tinus*
Jasmin *Jasminum*
Johanniskraut *Hypericum*
Jungfer im Grünen *Nigella damascena*
Korallenhülse, Winterbeere *Ilex verticillata*
Kiefer *Pinus*
Waldkiefer *Pinus sylvestris*
Kosmee, Schmuckkörbchen *Cosmos*
Schokoladenblume *Cosmos atrosanguineus*,
Weiße Kosmee *Cosmos bipinnatus* 'Apollo White'
Laubmoose *Bryophyta*
Lavendel *Lavandula*
Lederfarn *Rumohra adiantiformis*
Lorbeer *Laurus nobilis*
Magnolie *Magnolia*
Mäusedorn *Ruscus*
Meerlavendel, Strandflieder *Limonium latifolium*
Mimose *Mimosa pudica*
Mohn *Papaver*
Mondviole, Silberblatt *Lunaria annua*
Muskatellersalbei *Salvia sclarea*
Olivenbaum, Echter Ölbaum *Olea europaea*
Palme *Palmae*
Pampasgras *Cortaderia selloana*
Perückenstrauch *Cotinus coggygria*
Pistazie *Pistacia*
Plattährengras *Chasmanthium latifolium*
Rittersporn *Delphinium*
Rose 'Majolika' *Rosa* 'Majolika'
Rose 'The Fairy' *Rosa* 'The Fairy'
Rosmarin *Rosmarinus officinalis*
Rubus-Arten, z. B. Brombeeren (*Rubus* sect. *Rubus*) und Himbeeren (*Rubus idaeus*)
Salbei *Salvia*
Schafgarbe *Achillea millefolium*
Schleierkraut *Gypsophila*
Schmalblättriger Klebsame *Pittosporum tenuifolium*
Schwarzer Pfeffer *Piper nigrum*
Silberblatt, Mondviole *Lunaria annua*
Silberweide *Salix alba*
Skabiose *Scabiosa*
Sonnenbraut *Helenium*
Sonnenhut *Echinacea*
Spanischer Mannstreu *Eryngium bourgatti* 'Picos Blue'
Spanisches Moos *Tillandsia usneoides*
Strandflieder *Limonium*
Tanne *Abies*
Taschenfarn *Dicksonia*
Wacholder *Juniperus*
Waldrebe, Clematis *Clematis*
Weißbeerige Mistel, *Viscum album*
Weizen *Triticum aestivum*
Zeder *Cedrus*
Zwergmispel *Cotoneaster*
Zypresse *Cupressus*

Bezugsquellen

BLUMEN

Frische Blumen regionalen Ursprungs gibt es z. B. auf Bauern- und Wochenmärkten. Fairtrade-Ware ist inzwischen – in begrenzter Auswahl – auch in vielen Supermärkten und Blumenläden erhältlich. Manche Biogärtnereien bieten außer Obst und Gemüse auch Schnittblumen an.

KONSERVIERTE BLUMEN

https://www.secondflor.com/de/3-stabilisierte-blumen
https://www.si-nature.de

FLORISTIKBEDARF: ROHLINGE, BLUMENDRAHT, FLORISTENBAND, METALLRINGE USW.

https://www.floristik24.de/floristikbedarf
https://www.bellaflor.com
https://www.bastelspass24.de/Floristikbedarf
https://www.dekozentrale.de
https://www.blumigo.de/shop/floristikbedarf/etsy.com
https://www.meine-ernte.shop/jute-bindedraht-ummantelt/
https://weinliebe.de/products/bindedraht-jute-ummantelt-rolle-fuer-reben
https://lafleurdouce.ch/shop
https://basteln-at.buttinette.com/shop/r/floristik

Einige Händler liefern nur an Blumengeschäfte aus. Unter Umständen können Sie die gewünschte Ware über Ihren örtlichen Blumenhändler ordern.

SAMEN

https://www.gartenversandhaus.de/
https://www.zollinger.bio/de
https://www.samen-maier.at/

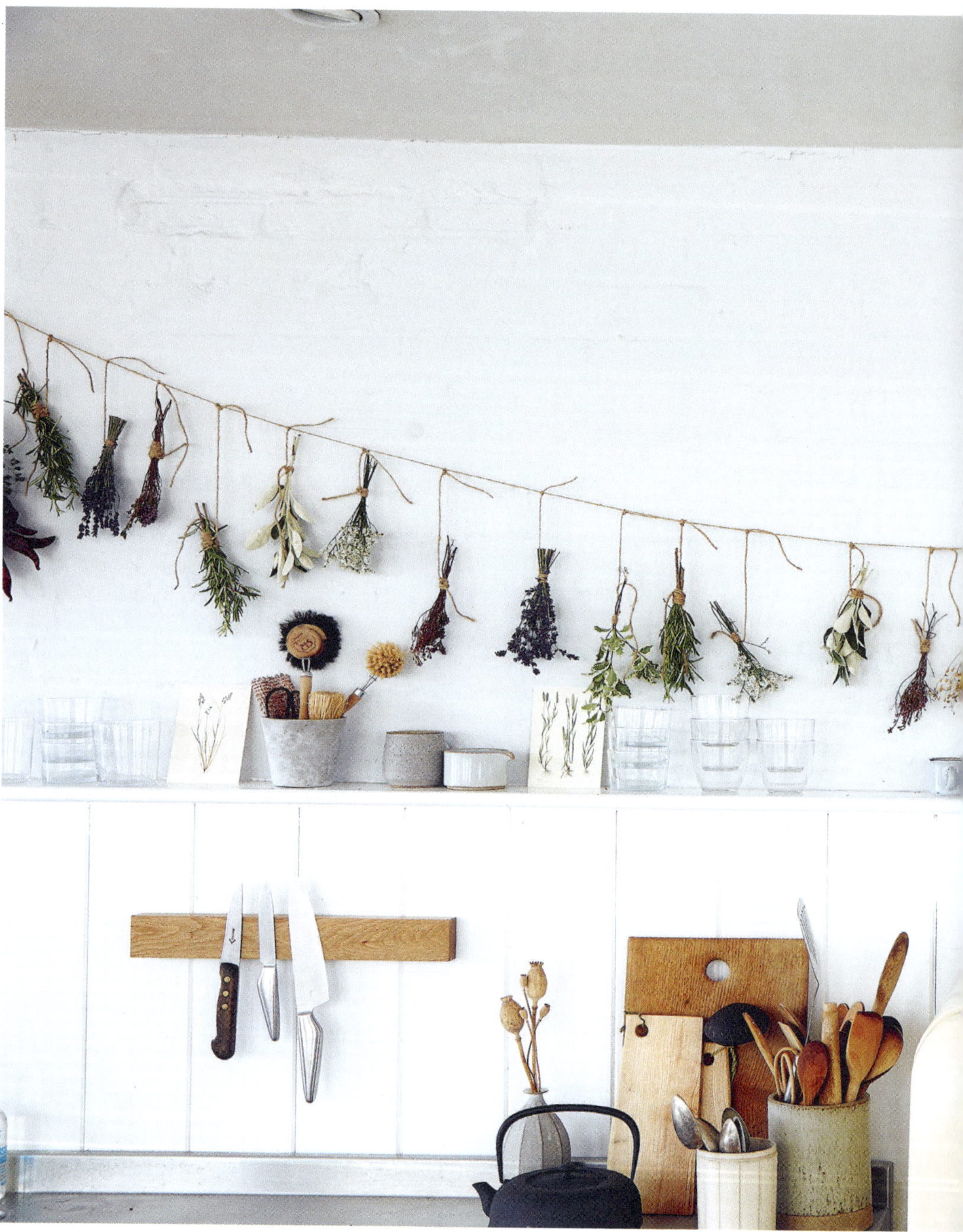

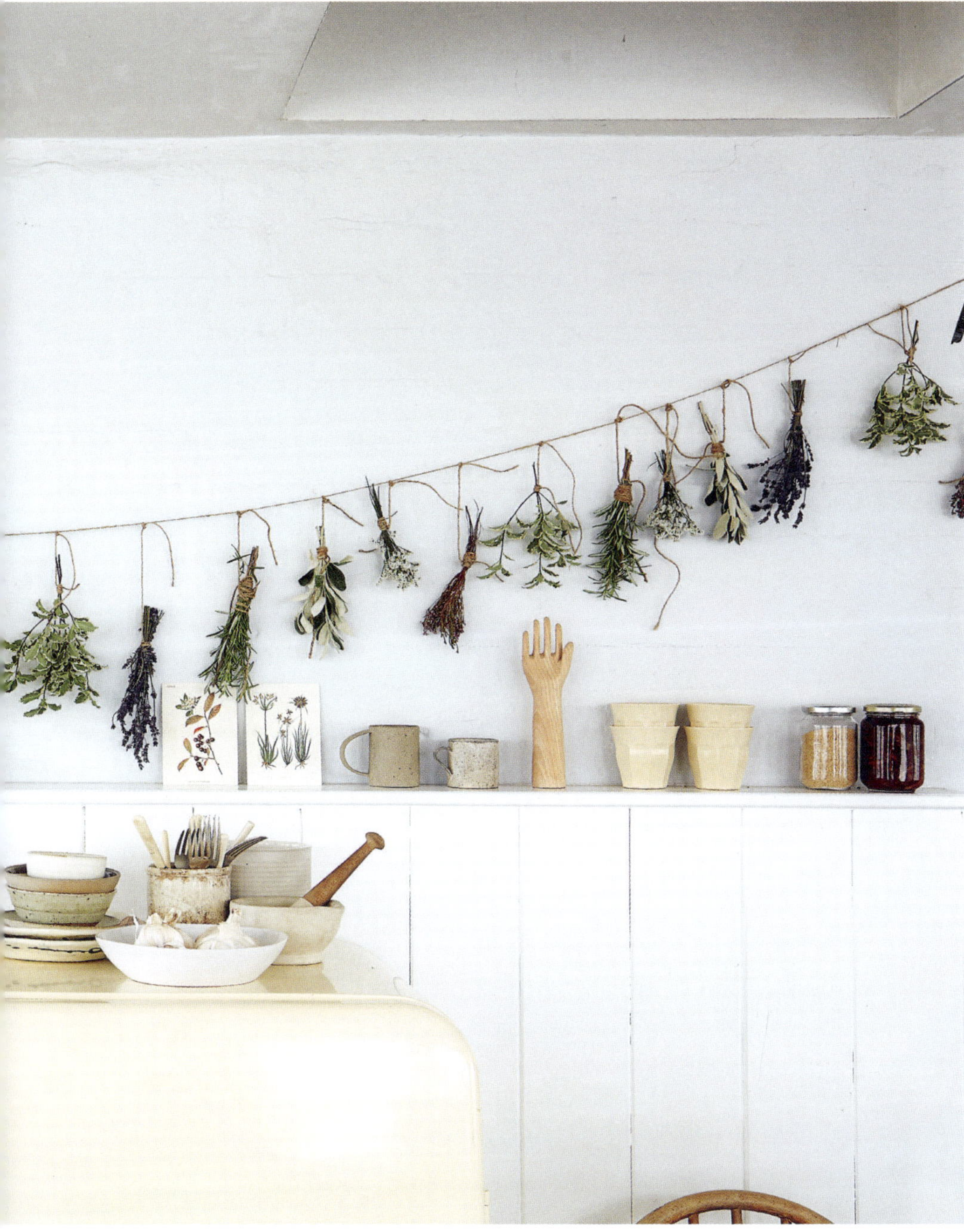

Dank

Wir danken all unseren Freund:innen und unseren Familien für ihre Unterstützung – und dafür, dass sie unsere ständige Abwesenheit und den dauernden Stress hinnehmen.

Namentlich danken wir:

Lorna, Dale und Sharon vom Committee of Taste, die beide Augen zudrücken, wenn wir ihren Laden in eine Blumenfabrik verwandeln, sobald sie die Tür hinter sich geschlossen haben, und trotzdem immer unglaublich hilfreich und inspirierend sind;

Ian, dem Besitzer des von uns häufig in Anspruch genommenen Lieferwagens, der unsere Probleme löst, wenn wir in der Klemme stecken, uns immer zum Lachen bringt und unseren schrecklichen Gesang erträgt;

Terry und allen anderen bei Zest Flowers für die Karamellbonbons um 5 Uhr morgens und die Rettung von Blumen mit Schönheitsfehlern;

Lee, Sam, John, Mick, Ron, Kim und allen anderen bei Bloomfield, die alle Blumennamen, die wir uns ausgedacht hatten, enträtselten und immer die richtigen Blumen für uns finden.

Saul von Pratley's, der uns so herzlich aufgenommen hat;

Sonny und Eddie und allen anderen bei Dennis Edwards;

Dave, Tracey, Zak, Adil und allen anderen bei GB Flowers, die sich immer reizend um uns gekümmert haben;

Brian, Aaron, Russ und allen anderen bei Porters;

Holly von Rye London, die uns ihr wunderschönes Studio, und Jane Cumberbatch, die uns ihr tolles Haus zur Verfügung stellte(n);

Aloha, die Kristin und mir eine wunderbare Assistentin war, nachdem wir sie davon überzeugt hatten, dass Blumen ihr Ding sind;

Joey, die Plastiktüten voller Reste mit nach Hause nahm und damit die unglaublichen Cyanotypien kreierte, die auf Seite 17 abgebildet sind;

Clare Lattin für all ihre Fürsorge, Unterstützung und Ratschläge;

Laura Jackson und Alice Levine für ihre Unterstützung und Ermutigung;

Momo, die uns die schönsten Stücke aus ihrem traumhaften Momosan-Shop zur Verfügung stellte;

Bauwerk Colour für die Zusendung der schönen Farben, die wir als Hintergründe für die Fotoaufnahmen verwendet haben;

Linda Berlin, die uns die schönsten Requisiten in ganz London besorgte;

Harriet, Gemma, Helen, Tom und allen anderen bei Quadrille, die an uns glaubten und uns während der Entstehung dieses Buchs zur Seite standen; wir sind so dankbar, dass wir diese unglaubliche Chance bekommen haben;

Kristin Perers, die die traumhaft schönen Fotos für unser Buch gemacht hat und in ihrem Haus tatsächlich die Wände umstrich, damit sie zu unseren Arrangements passten. Sie ist der kreativste und inspirierendste Mensch, der uns je begegnet ist. Ein großes Dankeschön gebührt auch ihrem wunderbaren Ehemann William, der uns stets willkommen hieß und so tat, als würde er die Umgestaltung der Wände nicht bemerken;

unseren Familien: Myra, Pat und Marg. Rita, George, Lucy und Marie. Alle haben uns stets ermutigt, unseren Träumen zu folgen, und waren für uns wunderbare Vorbilder – auch wegen ihres grünen Daumens. Ohne eure Unterstützung wären wir verloren!

Mike und Paddy, die seit der Gründung von WORM mit Teilzeitpartnerinnen zurechtkommen müssen. Danke für eure stetige Ermutigung, eure Inspiration, Liebe und unermüdliche Geduld. Ihr seid wundervoll.

1. Auflage: 2024
ISBN 978-3-258-60286-8

Aus dem Englischen übersetzt von Anne Taubert, D-Berlin
Lektorat der deutschsprachigen Ausgabe: Jutta Orth, D-Freiburg in Breisgau
Satz und Umschlaggestatltung der deutschsprachigen Ausgabe:
Die Werkstatt Medien-Produktion, D-Göttingen
Fotografien von Kristin Perers
Layout: Quadrille Publishing, Gemma Hayden und Claire Rochford
Illustration unten: Huza Studio / Shutterstock.com

Die englischsprachige Originalausgabe erschien erstmals 2018 unter dem Titel *Wreaths*
bei Quadrille Publishing, GB-London.
Die zweite, bearbeitete Auflage erschien 2023 bei Quadrille Publishing, einem Imprint
von Hardie Grant Publishing.

Printed in China mit Sojaölfarben

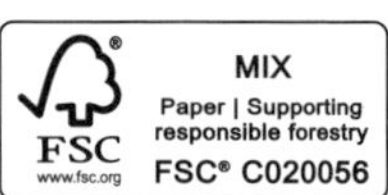

Um lange Transportwege zu vermeiden, hätten wir dieses Buch gerne in Europa gedruckt.
Bei Lizenzausgaben wie diesem Buch entscheidet jedoch der Originalverlag über den
Druckort. Der Haupt Verlag kompensiert mit einem freiwilligen Beitrag zum Klimaschutz
die durch den Transport verursachten CO_2-Emissionen. Dabei unterstützt der Verlag ein
Projekt zur nachhaltigen Forstbewirtschaftung in der Zentralschweiz.
Wir verwenden FSC®-zertifiziertes Papier. FSC® sichert die Nutzung der Wälder gemäß
sozialen, ökonomischen und ökologischen Kriterien.

Diese Publikation ist in der Deutschen Nationalbibliografie verzeichnet.
Mehr Informationen dazu finden Sie unter http://dnb.dnb.de.

Der Haupt Verlag wird vom Bundesamt für Kultur für die Jahre 2021–2024 unterstützt.

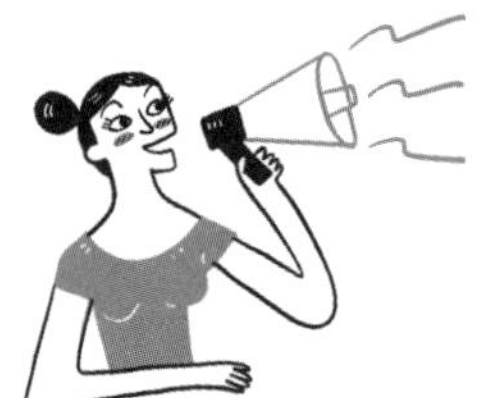

Wir verlegen mit Freude und großem Engagement unsere Bücher. Daher freuen wir uns
immer über Anregungen zum Programm und schätzen Hinweise auf Fehler im Buch,
sollten uns welche unterlaufen sein.